Workbook/Kete 5

MĀORI MADE EASY

**For everyday learners
of the Māori language**

Scotty Morrison

RAUPŌ

The *Māori Made Easy* Workbook/Kete series

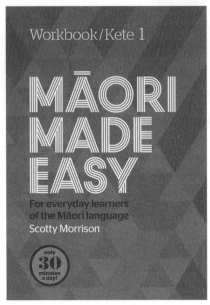

Pronunciation
Numbers
Greetings and farewells
Action phrases
Personal pronouns

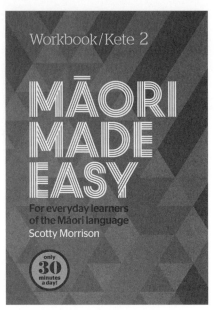

Possessive prepositions
Ā and Ō categories
Whānau and introductions
Tense markers
Locatives

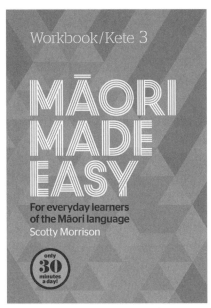

Descriptive sentences
Intensifiers
Past-tense questions and answers
Time, seasons and months

Passive structures
Giving orders
Stative verbs
Revision

Workbook/Kete 5

MĀORI MADE EASY

For everyday learners of the Māori language
Scotty Morrison

only 30 minutes a day!

More on statives
More on passives
Using 'ai'
More on using 'hoki' and 'rawa'
Answering 'why' questions

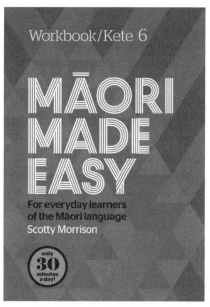

Workbook/Kete 6

MĀORI MADE EASY

For everyday learners of the Māori language
Scotty Morrison

only 30 minutes a day!

Answering future-tense 'why' questions
Other ways to use 'ia'
When to use 'i' and 'ki'
When to use 'kē'
When to use 'ki te' and 'kia'

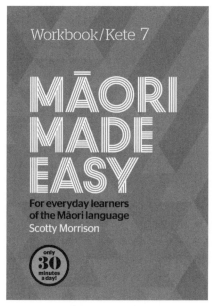

Workbook/Kete 7

MĀORI MADE EASY

For everyday learners of the Māori language
Scotty Morrison

only 30 minutes a day!

When to use 'hei'
Using 'kore' and 'me kore'
Using numbers
Using 'taihoa'
Describing objects and people
Expressing feelings

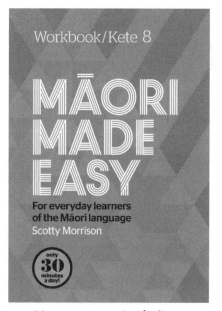

Workbook/Kete 8

MĀORI MADE EASY

For everyday learners of the Māori language
Scotty Morrison

only 30 minutes a day!

More on expressing feelings
Parts of the body
Ailments
Talking about food
Asking for and giving directions
Skills for telling a story

RAUPŌ

UK | USA | Canada | Ireland | Australia
India | New Zealand | South Africa | China

Raupō is an imprint of the Penguin Random House group of companies,
whose addresses can be found at global.penguinrandomhouse.com.

The *Māori Made Easy Workbook/Kete* series (5–8) first published as
Māori Made Easy 2 by Penguin Random House New Zealand, 2018
This workbook first published by Penguin Random House New Zealand, 2020

3 5 7 9 10 8 6 4

Text © Scotty Morrison, 2018

The moral right of the author has been asserted.

Cover design by areadesign.co.nz © Penguin Random House New Zealand
Text design by Sarah Healey and Shaun Jury © Penguin Random House New Zealand
Illustrations by Kiah Nagasaka
Printed and bound in China by RR Donnelley

A catalogue record for this book is available from the National Library of New Zealand.

ISBN 978-0-14-377452-5

penguin.co.nz

Contents

Introduction

Nau mai, haere mai! Welcome to the *Māori Made Easy Workbook/Kete* series!

Congratulations on your commitment to continue on from the first workbooks (1–4), and if you are starting the programme at this level after a year or so of studying te reo Māori in some other way, koia kei a koe! Just like the first four workbooks, this book has been designed to accelerate your learning and acquisition of the Māori language. It is structured to use just 30 minutes of your precious time each day. We are all time poor, so whenever you get 30 minutes to spare in your busy schedule, that's the best opportunity to do your Māori language study. No waiting for your night class to start, no travelling to the local wānanga or university. Press your reo Māori button for 30 minutes a day and get yourself to an intermediate standard of Māori language expertise!

The book is self-directed. The only online component is the weekly pāhorangi, or podcasts, you are required to listen to. These are scheduled in for Friday of every week, but I encourage you to listen to them over and over; they will be a big help in your language development. On every fifth week you will complete a set of exercises designed to revise what you learned over the previous four weeks. If you understand the written dialogue and the questions asked, and provide correct answers during these revision weeks, then the indicators are good that you are developing a sound understanding of te reo Māori. If not, go back and do the previous four weeks again to try to get the level of understanding that will enable you to move forward; or at the very least keep listening to the pāhorangi for those weeks. Whatever it takes. Learning te reo is a marathon, not a sprint, so take your time, relax, and learn at a pace that is comfortable for you.

Now, all answers to the exercises are at the end of the book but only check those once you complete each session – no cheating, e hoa mā! Each week follows a general structure beginning with an introductory proverb. There may also be a conversation between two characters, Mere and Māka, demonstrating the sentence structures that will be learned during the week. The idea is that you read their conversation with little understanding of what's being said, but by the end of the week, after all your study and exercises, you should be able to follow it.

There will be explanations and exercises to reinforce your knowledge around the new sentences and vocabulary of each week. A crossword rounds out most weeks to reinforce the vocabulary you have picked up, and to have a bit of fun.

Good luck, e hoa mā, and kia kaha!

Scotty Morrison
January 2020

The Learning Journey

I began to learn te reo Māori during my first year at university when I was 19. My first-year results were mediocre to say the least, but I began to socialise with native speakers of the language as my interest and understanding of it grew. In my second year, I flatted with two expert native speakers of Māori, and it was during that year that I attained a level of fluency. I was fortunate to be exposed to a more colloquial style of language in our flat (where Māori was basically the favoured language during the whole year) while continuing on with the more formal textbook-based learning style at university. Based on my experience learning te reo Māori, I now advocate the following pathway for learning a new language:

Year One

Me aronui
Focus

Me manawanui
Be determined and tenacious

Me kimi kaiako mātau, tautōhito hoki
Find an experienced and renowned tutor or lecturer

Me kimi wāhi āhuru
Make sure you feel safe and comfortable in your learning environment

Me whai kaupapa wetewete kōrero māmā noa iho
Learn grammar but in a light and easy format

Me aro ki te wairua me te hā o te reo
Connect with the essence of the language

Me kimi hoa ako
Find a friend to learn with you

Me aro ki ngā rerenga pū, ki ngā rerenga māmā noa iho
Keep it simple, learn the fundamentals

Me ako kupu kōrero e hāngai ana
Learn words and phrases you will use regularly

Me mātaki i ngā kaupapa ako reo ki runga pouaka whakaata
Watch and analyse Māori language learning programmes on television

Me whakarongo hoki ki ngā kaupapa ako reo ki runga reo irirangi
Listen and analyse Māori language learning programmes on the radio

Me hono atu ki te rautaki reo a tō iwi
Join the language strategy of your tribe or community

Me tāwhai i te reo o tō kaiako, o te hunga mātau hoki
Imitate the language style of your tutor and expert speakers

Year Two

Me kimi kaupapa rumaki
Look for an immersion learning programme

Me ako tonu i ngā kupu kōrero e hāngai ana
Continue to learn words and phrases you will use regularly

Me tāwhai tonu i te reo o tō kaiako, o te hunga mātau hoki
Continue to imitate the language style of your tutor and expert speakers

Me kimi hoa kōrero Māori, mātau ake i a koe
Find Māori-speaking friends, especially ones more fluent than yourself

Year Three

Me tīmata koe ki te whakarāwai, me te whakanikoniko i tō reo
Begin to garnish and adorn your language

Me aro ki te takoto o te kupu
Focus more on grammar

Me tāwhai tonu i te reo o tō kaiako, o te hunga mātau hoki
Continue to imitate the language style of your tutor and expert speakers

Weekend Word List

Oti	To complete or conclude
Ora	Health / Alive / Save
Wera	Hot
Whānau	Family / Give birth
Wareware	Forget
Ea	Achieve / Accomplish
Tū	Erect / Stand
Hōhā	Over it / Annoyed
Hinga	Fall / Defeat
Pakaru	Break
Ngaro	Lost / Missing
Mutu	Finish / End
Whara	Injure / Injury
Tumeke	Surprised / Shocked
Paru	Dirty
Riro	Obtain
Mākona	Satisfied
Tika	Correct / Fix
Kino	Bad / Ruin
Mau	Catch / Maintain
Mataku	Scare
Mahue	Leave behind

WEEK THIRTY-ONE
More on statives and how to use the word 'wareware'

Whakataukī o te wiki
Proverb of the week
Tōtara wāhi rua, he kai nā te ahi
A split tōtara is food for the fire
(United we stand, divided we fall)

Towards the end of *Māori Made Easy* we studied stative verbs, and this week we will extend your understanding of these types of words. One strategy to help you grasp stative verbs is to identify the most common ones used in te reo Māori. You should already know these words from your weekend word list, but you may not have realised you were learning statives – *tūāhua*. So let's start this week with a crossword – a *pangakupu tūāhua*!

HARATAU – PRACTICE
Rāhina – Monday

 30-minute challenge

1. **Whakaotia te pangakupu nei.**
1. *Complete the following crossword.*

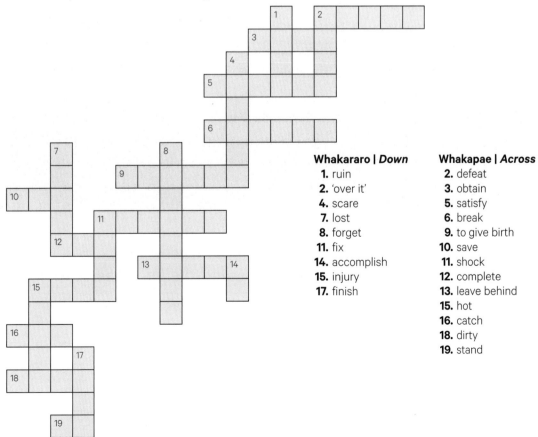

Whakararo | Down
- **1.** ruin
- **2.** 'over it'
- **4.** scare
- **7.** lost
- **8.** forget
- **11.** fix
- **14.** accomplish
- **15.** injury
- **17.** finish

Whakapae | Across
- **2.** defeat
- **3.** obtain
- **5.** satisfy
- **6.** break
- **9.** to give birth
- **10.** save
- **11.** shock
- **12.** complete
- **13.** leave behind
- **15.** hot
- **16.** catch
- **18.** dirty
- **19.** stand

Remember, the key to getting a stative verb sentence right is knowing where to put the **i**. The **i** is key because it demonstrates *who* is doing the action, or *what* has caused that state to be reached. In the following example, the 'state' of the house being burnt by fire is demonstrated by placing the **i** in front of **te ahi**.

I wera te whare *i* te ahi   The house was burnt *by* fire

Have a go at unscrambling these sentences and concentrate on putting the **i** in the right place. A very literal English language translation has been provided to help you out.

2. E nanu ana ēnei kupu, māu e whakaraupapa.
2. *Unscramble the words in these sentences.*

1. ora koe a au ka i   (*I will be saved by you*)

   _____

2. pau pūtea tana kua tana i wahine   (*His money has been spent by his wife*)

   _____

3. i whenua te riro i mātāmua te tama   (*The land was obtained by the eldest son*)

   _____

4. paru ka i rātou a whare tō tātou   (*Our house will be dirtied by them*)

   _____

5. koe te huritau i kino a i   (*The birthday was ruined by you*)

   _____

Rātū – Tuesday

At the end of yesterday's session, you unscrambled words and concentrated on putting the **i** in the right place to complete a stative verb sentence.

This is the stative verb sentence structure I would recommend you master at this stage of your language journey:

Kua oti i ngā tamariki ngā rīwai te waruwaru

The children have completed peeling the potatoes

Sentence starter	Stative verb	The very important *i*	Agent (of the action)	Object or noun	Verb
Kua	oti	i	ngā tamariki	ngā rīwai	(te) waruwaru

Kua ea i a rātou te karanga a te iwi te hāpai	*They have responded to the call of the tribe*
Kua oti i ngā kaimahi te whare te hanga	*The workers have finished the building of the house*
I pau i a rātou ngā āporo te kai	*They ate all the apples*

The different parts of these kinds of sentences (apart from the sentence starters) can be moved around and still be correct, but for now we will just focus on this one structure. Most of the time your stative verb sentence will end after the noun is mentioned, for example:

Kua oti i a rāua ngā mahi kāinga (The homework has been completed by them)	*They have completed the homework*
I pakaru i a Mere te matapihi (The window was broken by Mere)	*Mere broke the window*
Kāore i mau i a ia (It wasn't caught by him)	*He didn't catch it*
Kāore anō kia pau i a koe tō inu? (Has your drink not yet been consumed by you?)	*Have you not finished your drink?*

 30-minute challenge

1. **Whakamahia ngā whakaahua ki te whakautu i ngā pātai. Tuhia te katoa o te rerenga.**

1. *Use the pictures to answer the questions. Write the whole sentence.*

Kua oti i a wai te whare te hanga?

Kua pakaru i a wai te matapihi o te whare?

I ngaro i a wai te pōro?

_____

_____

I pau i a wai te kai a te ngeru?

_____

_____

Kua paru i a wai te whāriki?

_____

_____

I mataku i a wai te manu?

_____

_____

KUIA

I mākona i a wai te maroketanga o te korokoro?

_____

_____

I hinga i a wai te rākau?

_____

_____

I oti i a wai ngā pukapuka te pānui?

_____

_____

2. Whakaurua te mea tika o ēnei: _hinga, riro, mate, māku, ora, paru, mataku, mahue, mākona, kī_.

2. Complete the sentences by inserting the right stative verb: **hinga, riro, mate, māku, ora, paru, mataku, mahue, mākona, kī**.

1. Kua _____ te pēke i te tama

2. Kua _____ te pouaka i te wai

3. I _____ te tīhate i te tākaro whutupōro

4. I _____ te pahikara i te wahine

5. Kua _____ te kete i ngā pene

Rāapa – Wednesday

An advanced speaker of te reo may like to add the intensifier **tonu** to their stative verb sentence. They will also leave the sentence starter off the beginning of the sentence to further enhance the emphasis. This is a typical aspect of conversational Māori. Take a look at these examples:

Kī tonu te whare i te mōkai	*The house was (absolutely) full of pets*
Kī tonu ngā pākete i te pipi	*The buckets were (absolutely) full of pipi*
Haunga tonu ā-roto i te wharepaku i ō tiko	*The toilet (absolutely) stinks because of your 'no. 2s'*
Whero tonu te kanohi o Mere i te tīkākā	*Mere's face is (absolutely) red because of sunburn*

Quite often the agent of the sentence (or the word that follows the **i**) is known as a collective noun. An example of this is:

Kī tonu te whare i te mōkai

The house is full of pets, but the types of pets are not named, the house is just . . . full of pets. In this example, you will also notice that even though the word **mōkai**, or *pets*, is plural, the singular **te** is preferred.

 30-minute challenge

1. **Pānuitia tēnei kōrero kei waenganui i a Atawhai me Anaru, ka tuhi ai i ngā rerenga kōrero e whakamahi ana i te *tonu*.**

1. *Read the dialogue between Atawhai and Anaru, then write down any sentences which use* ***tonu***.

   Atawhai: Hei, Anaru, kua paru te whāriki i ō pūtu.

   Anaru: Mō taku hē. I hoki mai au i te mahi, kī tonu te puku i te kai, kāore au i whai whakaaro ki te tango.

   Atawhai: Heoi anō, i pēhea te mahi? E ai ki ngā kōrero, kei runga te toki o te kore mahi ki runga i ētahi?

   Anaru: Āe, mataku tonu ētahi i tēnā āhuatanga.

   Atawhai: Ki ō whakaaro, tokohia ka kore mahi?

   Anaru: E aua! Engari, tumeke tonu mātou i te whakatau ka kore mahi ētahi o mātou. Whakamā tonu au i te korenga ōku i tohe atu.

   Atawhai: Kaua e pāpōuri i tēnā, e hoa.

   Anaru: Kāo, whakamā tonu au i taku noho wahangū.

   1. _____

   2. _____

   3. _____

4. _____

5. _____

2. Ināianei me whakapākehā aua rerenga kōrero e rima.

2. Now translate those five sentences into English.

1. _____

2. _____

3. _____

4. _____

5. _____

Rāpare – Thursday

Something else to always keep in mind when you are using stative verbs is that you can never make them passive. We will do some extension work on passives next week, but just so you know, you can't add a passive ending onto **ora** to make 'orangia', you can't make **mataku** into 'matakutia', you can't make **paru** into 'parungia', and you can't make **hinga** into 'hingaia'! The only way to turn a stative verb into a passive is to add the prefix **whaka-**, so you get *whakamataku* or *whakaora* or *whakaparu* or *whakahinga*. Now you can add the passive ending and use the passive sentence structure preferred by most Māori language speakers.

Stative sentence

He maha ngā rāpeti i mate **i** a ia	*There were heaps of rabbits killed **by** him*

Active sentence

I whakamate ia i ngā rāpeti maha	*He killed heaps of rabbits*

Passive sentence

I whakamatea **e** ia ngā rāpeti maha	*Heaps of rabbits were killed **by** him*

🕐 30-minute challenge

1. Whāia ngā tauira o runga nei e huri ai i a koe te rerenga kōrero tūāhua ki te rerenga kōrero hāngū.

1. Using the example above, change these stative sentences into passive sentences.

Stative sentence

1. I ora au i a koe

Active sentence

_____

Passive sentence

_____

Stative sentence

2. Kua wera i a au te wai

Active sentence

_____

Passive sentence

_____

Stative sentence

3. Kua tika i te kaiako tō tuhinga

Active sentence

_____

Passive sentence

_____

Stative sentence

4. I tumeke au i a rātou mō taku huritau

Active sentence

_____

Passive sentence

_____

Stative sentence

5. Kua pau i ngā tamariki ngā tōhi

Active sentence

_____

Passive sentence

_____

Rāmere – Friday

There is usually a lot of debate on how to use the word **wareware**. Is it a stative verb, like the other words we have been studying this week, or is it a normal verb, usable in a normal active sentence? Some linguists will say that it depends on the context. It is the context that determines whether you use **wareware** as a stative verb, or as a normal verb. I have yet to find any evidence to prove that theory! So let's try to simplify things – this is supposed to be _Māori Made Easy_, remember?! There are two options when using **wareware**:

Option 1 – As a stative verb, you follow the rules and structure regarding stative sentences; the **i** determines the agent, other **i** and **ki** words are not included, and you can't make **wareware** passive.

Kua wareware i a koe ō pukapuka   *Your books have been forgotten **by** you*

                                                (You have forgotten your books)

Option 2 – As a normal verb, you follow the rules and structure regarding normal active sentences. The important thing to remember is to always use **ki**, not **i**, to indicate what has been, is being, or is going to be forgotten.

Kua wareware koe **ki** ō pukapuka   *You have forgotten your books*

 ## 30-minute challenge

1. Whakarongo ki te pāhorangi mō tēnei wiki:

1. Listen to this week's podcast at:

     www.MaoriMadeEasy2.co.nz

2. Whakamāoritia ēnei rerenga kōrero, whakamahia te tūāhua o te kupu *wareware*.

*2. Translate the following sentences using the stative form of **wareware**.*

   1. You have forgotten your hat

     _____

   2. Did he forget the tickets?

     _____

   3. Did you forget the time?

     _____

   4. They (3) have forgotten the keys

     _____

   5. The dog will forget his bone

     _____

3. Ināianei whakamāoritia ēnei rerenga kōrero engari me kupu mahi te kupu *wareware*.

*3. Now translate the following sentences but this time use the normal verb form of **wareware**.*

   1. You forgot to ring me

     _____

2. The tribe forgot to welcome the Prime Minister

_____

3. No doubt he will forget to get the drinks!

_____

4. The whānau forgot the towels

_____

5. She forgot the sausages

_____

Now, if you are using **wareware** as a normal verb in an active sentence, you can, technically, make it into a passive. Many linguists disagree and are strict on saying you can never make the word **wareware** into a passive. But there are a multitude of examples contained within early recordings, both written and oral, of **wareware** being used in the passive form **warewaretia**. The ode to our fallen soldiers is a prime example.

E kore rātou e warewaretia = _They will never be forgotten_

Next week we will analyse how to remind someone to do something, then dive in to some extension exercises regarding passives! Ā tērā wiki, e hoa mā!

Weekend Word List

Roro	Brain
Pūhiko	Battery
Ārai tīkākā	Sunblock
Hunuhunu	BBQ
Kirihimete	Christmas
Whakatū	Erect / Build
Ōkawa	Formal / Official
Ōpaki	Informal / Unofficial
Hārau	Graze
Takoki	Twist
Marū	Bruised (stative verb)
Tīhae	Rip / Tear
Hāparapara	Operation
Whakarākei	Adorn / Put makeup on
Uenuku	Rainbow
Whakaaro	Idea
Āwangawanga	Worried / Apprehensive

WEEK THIRTY-TWO
More on passives including 'taea' and 'ahatia'

Whakataukī o te wiki
Proverb of the week
Waiho i te toipoto, kaua i te toiroa
United we stand, divided we fall

We are going to start off this week by learning how to say, 'Don't forget to . . .' It is reasonably straightforward, e hoa mā, all we need to do is place the negative phrase **kaua e** at the beginning of the sentence, like this:

Kua wareware i a koe ō pukapuka   Kaua e wareware i a koe ō pukapuka
Kua wareware koe ki ō pukapuka   Kaua koe e wareware ki ō pukapuka

The first example is less complicated than the second – you are simply replacing the **kua** with **kaua e**. It doesn't matter if the sentence begins with **Kei te**, **E . . . ana**, **I**, or **Ka**, you are not actually negating the sentence, just changing the context by telling someone not to forget something. If you were negating 'Kua wareware i a koe ō pukapuka', it would look like this: 'Kāore anō kia wareware i a koe ō pukapuka'.

The second example, which uses the **ki** instead of the stative structure, requires a bit more thinking. You need to place the agent of the action between the **kaua** and the **e**, but as with the stative phrase, it doesn't matter what tense marker is at the start of the sentence.

HARATAU – PRACTICE
Rāhina – Monday

 30-minute challenge

1. **Whakamāoritia ēnei rerenga kōrero, whakamahia te rerenga tūāhua.**
1. *Translate the following sentences into Māori using the stative sentence structure.*

 1. Don't (you) forget your hat

 _____

 2. Don't (you two) forget the tickets

 _____

 3. Don't (you three) forget the batteries

 _____

4. Don't (you) forget the keys

_____

5. Don't (those 2) forget the food

_____

2. Ināianei whakamāoritia ēnei rerenga kōrero, engari me whakamahi i te ki.

2. _Now translate the following sentences into Māori, but this time use the_ **ki**.

1. Don't (you) forget to ring me

_____

2. Don't (you) forget the sunblock

_____

3. Don't forget to buy the drinks

_____

4. Don't forget to erect the BBQ

_____

5. Don't forget the sausages

_____

Another way of saying 'Don't forget to' is to use the word **Kei** before **wareware**. There is no **e** present. _Tirohia ēnei tauira kōrero_ – Look at these examples:

Kei wareware **i** a tāua te huritau o Māmā	_We better not forget Mum's birthday_
Kei wareware tāua **ki** te huritau o Māmā	_We better not forget Mum's birthday_

3. Whakamahia ngā whakaahua nei ki te hanga kōrero _Kei wareware_. Ko te _ki_ mō ngā rerenga e toru tuatahi, ko te tūāhua _i_ mō ngā rerenga e toru whakamutunga. Whakamahia hoki te _koe_ hei tūpou.

3. _Use the pictures to create sentences beginning with_ **Kei wareware**. _Use_ **ki** _for the first three sentences, and the stative form_ **i** _for the last three. Use_ **koe** _as the subject._

1.

_____

2.

_____

3.

_____

4.

_____

5.

_____

6.

_____

Rātū – Tuesday

During our study last week, we discussed some of the conjecture that happens when people talk about the word **wareware** and whether it can be made into a passive, i.e. 'warewaretia'. Sometimes **wareware** is used as a normal verb in an active sentence, so you can technically make it into a passive. It remains a contentious point, but there are a multitude of examples in old manuscripts and recordings of **warewaretia**.

He hui tērā e kore e warewaretia e te iwi

That was an occasion the people will never forget

Kei warewaretia e tātou ngā tohutohu a ngā tūpuna

Let us not forget the advice of our ancestors

The word **waiho** (*to leave / be left*) is another one that is debated by linguists. Some say you can make it passive, others say you can't. Again, **waihotia** is prevalent in manuscripts written by Māori language experts over a century ago.

Tiakina ngā taonga i waihotia mai ai e ngā mātua tūpuna

Look after the treasures left to us by our ancestors

To say these words cannot be made into passive is to challenge the way te reo Māori was spoken when it was a thriving language. The main thing for us now is to understand the debate and make an informed decision on how we use these words.

Taea is another difficult word for many to grasp. Perhaps the main reason for this is because of the debate over whether it is a passive word or not. Even if it isn't, it still follows a passive sentence structure – you need an **e** to indicate who is doing the action, and you need to get rid of any **i** or **ki** particles in your sentence.

It is important to understand the implications if you decide that **taea** is *not* a passive. In Week Twenty-Three of *Māori Made Easy*, I mentioned that **taea** was deemed by many linguists and teachers of the language, to be a passive. However, now is a good time (it's extension time after all!) to mention the debate around **taea** – is it a passive or not?

I am comfortable with the argument that **taea**, when used with the sentence starter **Me**, is *not* a passive. Grammatical rules do not allow a passive word to follow **me**, but **taea** is deemed to be ok by many linguists and language experts, since, in this context, it is not a passive. But don't forget to still include the elements of the passive sentence structure – the **e**, and no **i** or **ki**.

So, in summary, **taea** is a passive when used in active sentences, both affirmative (*'ka taea e koe'*) and negative (*'kāore e taea e koe'*). However, unlike other passives, it has the flexibility to be used with **me**: *Me taea e koe*.

Whew, that's a big theory session! Let's have a bit a fun now, shall we?

🕐 **30-minute challenge**

1. **Porohitatia te TIKA, te HĒ rānei mō ēnei rerenga, ka tuhi ai he aha ai.**

1. Circle CORRECT or INCORRECT for these sentences, then explain why.

1. Me kōrerotia ki tō hoa	TIKA / HĒ	You can't use a passive after Me

2. Me taea e koe tēnā mahi	TIKA / HĒ	
3. Ka taea e koe, e hoa	TIKA / HĒ	
4. Ka taea koe te rākau te piki	TIKA / HĒ	
5. Kua taea e ia i tōna ingoa te tuhi	TIKA / HĒ	
6. Ka taea e Rewi te whakatika i tō pahikara	TIKA / HĒ	
7. I taea e ngā tāne te kawe whaikōrero te hāpai	TIKA / HĒ	
8. Me taea e ngā tāne te kawe whaikōrero te hāpai	TIKA / HĒ	
9. Kāore e taea e au ki te āwhina i a koe	TIKA / HĒ	
10. Me patua e koutou ngā manu rā, he hōhā!	TIKA / HĒ	

Rāapa – Wednesday

So now we come to the question word **aha**, meaning *what*. Can we make **aha** into a passive? Are there any complications like there are with **waiho**, **wareware**, and **taea**? The good news is, no! Turning **aha** into a passive is pretty straightforward if you understand the passive sentence structure (which you should by now). The passive ending you will use is **–tia**, so **aha** becomes **ahatia**. It is valuable to know this way of using **aha**, because making it passive allows you to ask questions like 'What happened to . . .?', 'What will happen to . . .?', and 'What is happening to / with . . .?'

Depending on the language level and preferences of the person responding, the answer will either be in passive form, like the question was, or not.

Kei te ahatia tō whare?	*What's happening with your house?*
Kei te hokona	*It's being sold*
I ahatia te tono amuamu ōkawa rā?	*What happened to the official complaint?*
I whiua ki te ipu para	*It got thrown in the bin*
Ka ahatia tō kurī?	*What's going to happen with your dog?*
Ka tiaki a Mere i a ia	*Mere is going to look after him*

⏲ 30-minute challenge

1. Whakamāoritia ēnei rerenga kōrero.

1. Translate these sentences into Māori.

1. Mere: What happened to your knee?

   _____

   Māka: I grazed it

   _____

2. Mere: What happened to your ankle?

   _____

   Māka: I twisted it

   _____

3. Mere: What's happening with your essay?

   _____

   Māka: The teacher is marking it

   _____

4. Mere: What will happen to your sick cat?

   _____

   Māka: She will be put down

   _____

5. Mere: What happened to your eye?

   _____

   Māka: I bruised it

   _____

6. Mere: What happened to your hamstring?

   _____

   Māka: I tore it

   _____

7. Mere: What's going to happen with your neck?

   _____

   Māka: It's going to be operated on

   _____

8. Mere: What will happen to your house?

   _____

   Māka: It will be sold

   _____

9. Mere: What's happened to your face?

   _____

   Māka: I've put makeup on

   _____

10. Mere: What's happened to Anaru?

    _____

    Māka: He was hit by Hēmi

    _____

Rāpare – Thursday

Sometimes the word **aha** will be paired with **atu** to indicate that the items the speaker had begun to list goes on, and on, and on – similar to saying, 'and so on, and so on'. For example, you may start to talk about all the types of trees that you saw while you were walking in the forest: 'I kite au i te tōtara, i te kauri, i te rimu, i te aha atu, i te aha atu.' This is an example of how **aha atu** is used. _Anei anō he tauira_ – here is another example:

I haere au ki Bunnings inanahi, ā, i hokona he kō, he tahitahi, he ngongo wai, he **aha atu**, he **aha atu**.

Titiro ki te tēpu kai! He keke, he inu waireka, he kirīmi, he huarākau, he **aha atu**, he **aha atu**!

 30-minute challenge

1. **Whakaotia ēnei rerenga kōrero, whakaingoatia kia toru ngā mea e hāngai ana i mua i te _aha atu, aha atu_.**

1. _Complete these sentences, naming three relevant items before using **aha atu, aha atu**._

1. I runga i te tēpu kai te _____

2. Kei roto i te pātaka mātao te _____

3. Kei roto i taku whata kākahu he _____

4. Kei roto i te uenuku te _____

5. Kua hoki mai au i te hokomaha me te _____

Now, see if you can master this way of using **aha atu** by looking at the examples below:

Ko Rewi te mea pai ki te peita pātū, pikitia, tuanui, aha atu
Rewi is the best at painting walls, pictures, the roof, and whatever else

Mēnā he kōrero ā koutou, he aha atu rānei, kaua e nohopuku
If you have something to say or any contribution to make, don't remain silent

2. Whakamāoritia ēnei rerenga kōrero.

2. *Translate the following sentences into Māori.*

1. If you want to leave, stay, or whatever, that's up to you

   _____

2. He can run, climb, swim, whatever

   _____

3. That fruit shop has grapes, apples, bananas, oranges, and so on, and so on

   _____

4. If you have an idea, a concern, whatever, talk about it

   _____

5. For building houses, fixing cars or whatever, there is no one better!

   _____

Rāmere – Friday

🕐 **30-minute challenge**

1. Whakarongo ki te pāhorangi mō tēnei wiki:

1. *Listen to this week's podcast at:*

www.MaoriMadeEasy2.co.nz

2. Whakaotia tēnei pangakupu.

2. *Complete this crossword puzzle.*

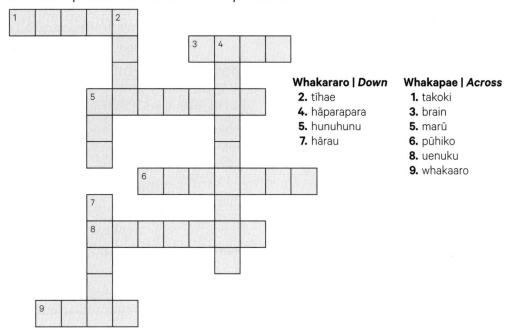

Whakararo | *Down*
2. tīhae
4. hāparapara
5. hunuhunu
7. hārau

Whakapae | *Across*
1. takoki
3. brain
5. marū
6. pūhiko
8. uenuku
9. whakaaro

WEEK THIRTY-THREE
How to use the word 'ai'

Whakataukī o te wiki
Proverb of the week
Ka raka te matau, ka raka te mauī
Always be in tune and balanced, spiritually, physically, emotionally

He Tauira Kōrero

Mere: Oma ai koe ia rā, nē Māka?

Māka: E mea ana koe!

Mere: Koia kei a koe. Tēnā, whakaritea ō hū omaoma, ka oma ai tāua

Māka: I nē? Ki hea?

Mere: Ki te tihi o Maungakiekie!

Māka: Ka pai, āhea au tīkina ai e koe?

Mere: Ā te waru karaka.

Māka: Mā hea koe haere mai ai?

Mere: Mā runga i te waka o tōku māmā.

Māka: Kia mōhio mai koe, kātahi anō au ka hoko punua ngeru, nō reira kaua e haere mai ki konei hoihoi ai, nē?

Mere: Kei mataku tō ngeru hōu?

Māka: Āe, kei mataku tāku ngeru hōu. Hei te waru, nē?

Mere: Āe, hei te waru!

The word **ai** is a small word with many different uses. The dialogue between Mere and Māka demonstrates five different uses of the word. The first example appears in the opening sentence when Mere asks, 'Oma **ai** koe ia rā, nē Māka?' If **ai** is positioned after an action word or verb, it indicates that that particular action is done on a regular basis, i.e. it happens all the time, or at least very frequently. Let's look at some examples:

Kanikani hītengi ai te whānau ia ata o te Rāhoroi
The family goes to ballet every Saturday morning

Haere ai mātou ki te whare kiriata ia Pō Tū
We (us, not the person being spoken to) go to the cinema every Tuesday night

Riri ai ia
He / She gets angry all the time

Haurangi ai rātou
They regularly get drunk

He tokomaha ngā whānau ako ai i te reo i ngā kura pō, ia wiki
There are many families learning the language at night class, every week

HARATAU – PRACTICE
Rāhina – Monday

 **30-minute challenge**

1. Whakamāoritia ēnei rerenga kōrero auau.
1. *Translate these habitual sentences into Māori.*

1. They (2) are always arguing
_____

2. She is always moaning
_____

3. He goes to crossfit every Sunday morning
_____

4. He learns a new proverb every night
_____

5. That family (over there) speaks Māori all the time
_____

6. They (6) laugh at him all the time
_____

7. Mum goes to the supermarket every week
_____

8. I brush my teeth every morning and every night
_____

9. New trees grow every year
_____

10. He wakes up at 6am every morning to train
_____

2. **Tirohia te āhua o ngā tāngata i ngā whakaahua tekau e whai ake nei. Me tuhi i te whakautu tika a tēnā, a tēnā o rātou ki te pātai, 'Kei te pēhea koe?'**

2. *Look at the following 10 pictures. Write the correct response that each person would use to answer the question, 'How are you?'*

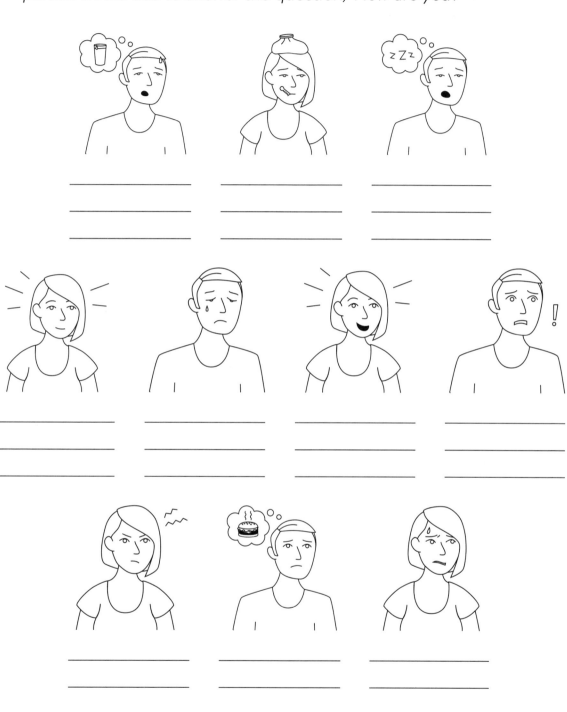

Rātū – Tuesday

 30-minute challenge

1. Kimihia te whakamārama tika mō ēnei rerenga kōrero auau. Tuhia he rārangi i te rerenga reo Māori ki tōna hoa reo Pākehā.

1. Draw a line from the habitual action te reo Māori sentence on the left to the correct English translation on the right.

1. Hiakai ai au

    a. *He / She is very busy every harvest time*

2. Hiainu ai taku pēpi ki te waiū i ngā wā katoa

    b. *I get unwell every winter*

3. Ora rawa atu ai tō āhua ia tūtakihanga

    c. *He / She takes his / her medication every meal time*

4. Kai ai ia i tōna rongoā ia wā kai

    d. *They get frustrated and over it every time the Sevens team loses*

5. Māuiui ai au ia takurua

    e. *That elderly lady is always strong*

6. Ngenge ai ngā tamariki ia ahiahi pō i ngā rā o te kura

    f. *The coach gets annoyed at every practice session*

7. Pukumahi ai ia, ia wā hauhake

    g. *The kids get tired every (late) afternoon on school days*

8. Pukuriri ai te kaiako ia haratau

    h. *You always look extremely well every time (we) meet*

9. Hōhā ai rātou ia hingatanga o te kapa Takiwhitu

    i. *I'm always hungry*

10. Kaha tonu ai tērā kuia

    j. *My baby is always thirsty for breast milk*

2. Ko te mahi tuarua i tēnei rā he tuhi rerenga auau ki raro iho i ia whakaahua hei tohu i te mahi kei te mahia. Whakatepea tō rerenga ki ēnei kupu e rua nei – *ia rā.*

2. *Your second task today is to write a habitual sentence under each of the following pictures to demonstrate the regular action taking place. Conclude your sentence with – **ia rā**.*

_____   _____   _____   _____

_____   _____   _____   _____

_____   _____   _____   _____

_____   _____   _____   _____

Rāapa – Wednesday

The word **ai** can also be used after a passive verb. So far, we have been practising using **ai** after active verbs. Firstly, let's recap what a passive verb is.

Each ordinary or active verb has its own particular passive ending which will usually be one of the following: –**tia**, –**ria**, –**hia**, –**ngia**, –**na**, –**nga**, –**kia**, –**mia**, –**ina**, –**kina**, –**a**.

Sometimes dialect will determine which passive ending is attached to the end of each verb. Passive sentence structures are commonly heard in te reo Māori, so much so that you could probably say it's the preferred style of a great number of Māori language speakers. But what is a passive sentence and what does it do?

Take a look at these two sentences:

Kei te kai <u>taku tama</u> i te āporo   (*My son is eating the apple*)

Kei te kainga e taku tama <u>te āporo</u>   (*The apple is being eaten by my son*)

The first sentence is called an active sentence because the agent of the action in the sentence, **'taku tama'** or *'my son'* is the focus. The second sentence is the passive one because the focus of the sentence shifts to

'te āporo' or *'the apple'*, which is not doing the action but on the receiving end of it. This casts *'my son'* into a passive role in the context of the sentence, which is why we call the sentence 'passive'!

Hopefully you gained a reasonable understanding of passives during your study of *Māori Made Easy*. Let's look at some more examples to refresh our memories:

Kei te āwhinatia a Mere e Rāwiri	*Mere is being helped by Rāwiri*
Kāore a Mere i te āwhinatia e Rāwiri	*Mere is not being helped by Rāwiri*
Kei te tohutohungia ngā tamariki e te kuia	*The children are being instructed by the elderly lady*
Kāore ngā tamariki i te tohutohungia e te kuia	*The children are not being instructed by the elderly lady*
E hokona ana te miraka e te kōtiro	*The milk is being bought by the girl*
Kāore te miraka e hokona ana e te kōtiro	*The milk is not being bought by the girl*
E whāngaihia ana te manuhiri e te wahine	*The visitors are being fed by the woman*
Kāore te manuhiri e whāngaihia ana e te wahine	*The visitors are not being fed by the woman*

Don't forget the steps we need to take to turn an active sentence into a passive sentence. Always remember that the tense marker at the start of the sentence remains untouched. The **i** or **ki** drops out of the sentence and an **e** is placed in front of the agent of the action:

Step 1: Adjust the sentence from its original form . . .

Kei te kai taku tama i te āporo

. . . to this (you are 'passifying' the verb or action word):

Kei te kainga taku tama i te āporo

Step 2: Place an **e** in front of the agent of the action:

Kei te kainga e taku tama i te āporo

Step 3: Finally, get rid of that **i**:

Kei te kainga e taku tama te āporo

The two parts of this sentence are interchangeable, so you can either have **Kei te kainga e taku tama te āporo** or **Kei te kainga te āporo e taku tama**. The tense marker at the beginning of the sentence remains in its position.

Now, let's use the word **ai** after a passive verb to show habitual action! Here are some examples:

Mahia ai te tauhōkai e ia, ia rā
He / She does yoga every day

Kōrerotia ai e rātou ā rātou tikanga, ia hui
They discuss their customs at every meeting

Hangaia ai ngā whare o mua ki te tōtara
Houses in the early days were (usually) made from tōtara

Hopukina ai e tōna pāpā he poaka, ia haere ki te ngahere
His / Her father catches a pig on every trip to the bush

Pēheatia ai te tunu parāoa parai?
How do you (usually) cook fry bread?

 ## 30-minute challenge

1. **Whakapākehātia ēnei rerenga kōrero auau. Me whakamahi kupu mahi hāngū.**

1. *Translate these habitual sentences into English. Use the passive verb form.*

   1. Tangihia ai ngā mate i te tīmatanga o te pōwhiri

      _____

   2. Whakahāweatia ai te hunga pōhara

      _____

   3. Mātakihia ai a *Te Karere* e te marea, ia pō

      _____

   4. Ākona ai e ia he kupu hōu ia rua rā

      _____

   5. Mahia ai e tōna hoa wahine he kōwaiwai hōu, ia marama

      _____

   6. Whakawetihia ai tana tamaiti e ngā tamariki o te kura

      _____

   7. Pēheatia ai te panoni kope?

      _____

   8. Kīia ai ia he whakahīhī – kaitoa hoki!

      _____

   9. Whakaritea ai e tōku pāpā he parakuihi, ia ata

      _____

   10. Nōhia ai e tērā koroua te paepae hei mana mō te iwi

      _____

Rāpare – Thursday

One of the sentences used in the dialogue at the beginning of the week was '. . . āhea au tīkina ai e koe?' The **ai** is used in combination with **āhea** to ask when something will happen. In this example, the passive verb of the word **tiki**, or *fetch*, is used (**tīkina**) which is absolutely fine! When we learned the **āhea . . . ai** sentence structure in Week Nineteen, we only used active verbs. Let's look at some examples using passive verbs.

Āhea ngā tamariki whāngaihia ai?	*When will the children be fed?*
Ā te ahiahi nei	*This afternoon*
Āhea a Hēmi mārenatia ai?	*When will Hēmi be getting married?*
Ā kore noa pea	*Probably never*
Āhea a Willie whakahokia mai ai?	*When will Willie be returned back (to me)?*
Ākuanei	*Soon*
Āhea ā koutou waiata hōu rīkoatahia ai?	*When will your new songs be recorded?*
Ā tērā marama	*Next month*

As you can see, the question word āhea, or *when*, begins the sentence, and the **ai** sits after the active or passive verb.

 30-minute challenge

1. E nanu ana te takoto o ēnei kupu, māu e whakaraupapa. Kātahi ka whakamāori i te whakautu reo Pākehā.

1. *The words in these sentences are jumbled. Put them in the correct order. Then translate the English language answer into Māori.*

e.g. ai āhea taku mokopuna whakahokia mai kāinga ki te
Soon
Āhea taku mokopuna whakahokia mai ai ki te kāinga
Ākuanei

1. whakaakona ai ngā tamariki āhea ki mau rākau te
Next week

_____

2. au āhea tīkina ai
Soon

_____

3. ngā hapa whakatikatikahia āhea ai e koe
Tomorrow

_____

4. āhea te rā e tātou whitikina ai
   Eventually

   _____

5. tunua āhea e koe tātou tā kai ai
   In five minutes

   _____

6. te hui whakatūria āhea ai
   In November

   _____

7. āhea tōna ai nēhua tūpāpaku
   On Thursday

   _____

8. te whare tākaro ai hangaia āhea koe e
   At 4 o'clock

   _____

9. rūma tō āhea ai whakapaitia e koe
   When the time is right

   _____

10. āhea tinana tō ai horoia e koe
    Tonight

    _____

Rāmere – Friday

Another one of the sentences used in the dialogue at the beginning of the week was 'Mā hea koe haere mai ai?' If you start a sentence with **Mā hea**, you are about to ask how someone or something will be travelling to a particular destination. The **ai** in this sentence emphasises the mode of travel as being the major focus of the sentence. The subject will vary, it might be the person you are speaking to (*koe*), yourself (*au*), he or she (*ia*), them (*rāua* / rātou), the dog (*te kurī*), someone's name (*Mere*); the list is endless.

Mā hea koe haere mai ai? or *How will you be travelling here?* (or *How are you going to get here?* is probably the more colloquial translation!) will be the most commonly used form of this sentence, but you might also say things like:

Mā hea koe haere atu ai?
How will you get there?

Mā hea koe haere ai ki te kura?
How will you get to school?

Mā hea tātou haere ai?
How are we going (travelling)?

Mā hea te whānau haere ai ki Rotorua?
How will the family travel to Rotorua?

Mā hea te kurī hoki mai ai?
How will the dog get back home?

Mā hea au tae atu ai ki te mahi, kua pakaru tōku waka!
How will I get to work, my car has broken down!

Before we try out some exercises for this sentence structure, here are some tips I picked up while I was at a beginners to intermediate level of learning.

- An advanced speaker will often shorten this sentence to **Mā hea mai koe?** or **Mā hea atu koe?** You may try to master this delivery at some stage.

- Sometimes you may hear the question structured in this way: **Mā runga aha koe?**

  Following on from the above tip, in Māori we travel 'on' vehicles (*runga*), but in English we travel 'in' them.

- To say that someone is *walking* to a destination, use **mā raro**.

 30-minute challenge

1. Tirohia ngā pikitia nei, ka whakautu ai i te pātai: 'Mā hea koe haere ai?' Kua hoatu te tuatahi hei koha.

1. *Look at the following pictures, then answer the question: 'How will you get there?' The first answer has been provided for you.*

Mā hea koe
haere ai?

Mā runga waka
rererangi

Mā hea koe
haere ai?

_____

_____

Mā hea koe
haere ai?

_____

_____

Mā hea koe
haere ai?

_____

_____

Mā hea koe haere ai?	Mā hea koe haere ai?	Mā hea koe haere ai?	Mā hea koe haere ai?
_____	_____	_____	_____
_____	_____	_____	_____

2. Whakamahia ngā kupu Pākehā ki te whakautu i aku pātai ki a koe. Kua hoatu te tuatahi hei koha.

2. Use the English words to answer my questions to you. The first answer has been provided for you.

1. Au: Kei te haere koe ki hea? (*Church*)

   Koe: Ki te whare karakia

   Au: Āhea? (*3pm*)

   Koe: Ā te toru karaka i te ahiahi

   Au: Mā hea koe haere ai? (*Walking*)

   Koe: Mā raro

2. Au: Kei te haere koe ki hea? (*Shop*)

   Koe: _____

   Au: Āhea? (*Soon*)

   Koe: _____

   Au: Mā hea koe haere ai? (*Car*)

   Koe: _____

3. Au: Kei te haere koe ki hea? (*School*)

   Koe: _____

   Au: Āhea? (*5 minutes*)

   Koe: _____

   Au: Mā hea koe haere ai? (*Bike*)

   Koe: _____

4. Au: Kei te haere koe ki hea? (*Movies*)

   Koe: _____

   Au: Āhea? (*8pm*)

   Koe: _____

   Au: Mā hea koe haere ai? (*Friend's car*)

   Koe: _____

5. Au: Kei te haere koe ki hea? (*Museum*)

   Koe: _____

Au: Āhea? (*Tomorrow*)

Koe: _____

Au: Mā hea koe haere ai? (*Bus*)

Koe: _____

Tip: If you have tamariki or mokopuna at your house, or who visit your house, and have Lego blocks, buildings, doll houses or toy cars lying around, use them to practise saying where you are going and how you are going to get there. You can also create models of towns and buildings with the kids or your friends and practise the sentences you have learned this week.

3. Whakarongo ki te pāhorangi mō tēnei wiki:

3. Listen to this week's podcast at:

   www.MaoriMadeEasy2.co.nz

Next week, we'll continue our study of the word *ai*.

Weekend Word List

Kōhimuhimu	Whisper / Gossip
Whawhewhawhe	Gossip
Taraka	Truck
Waka rererangi	Plane
Pahikara	Bike
Motopaika	Motorbike
Tereina	Train
Pahi	Bus
Mā raro	To walk to a location
Whare karakia	Church
Puta	Go out / Emerge
Hāmama	Shout / Scream
Huri tuarā	Turn back
Huarahi	Road
Ngaruiti	Microwave
Whakapāha	Apologise
Porotēhi	Protest

WEEK THIRTY-FOUR
More on how to use the word 'ai'

Whakataukī o te wiki
Proverb of the week
He iti tangata e tipu, he iti toki e iti tonu iho
People grow, adzes remain small (people are more valuable than material possessions)

He Tauira Kōrero

Mere: Oma ai koe ia rā, nē Māka?

Māka: E mea ana koe!

Mere: Koia kei a koe. Tēnā, whakaritea ō hū omaoma, ka oma ai tāua.

Māka: I nē? Ki hea?

Mere: Ki te tihi o Maungakiekie!

Māka: Ka pai, āhea au tīkina ai e koe?

Mere: Ā te waru karaka.

Māka: Mā hea koe haere mai ai?

Mere: Mā runga i te waka o tōku māmā.

Māka: Kia mōhio mai koe, kātahi anō au ka hoko punua ngeru, nō reira kaua e haere mai ki konei hoihoi ai, nē?

Mere: Kei mataku tō ngeru hōu?

Māka: Āe, kei mataku tāku ngeru hōu. Hei te waru, nē?

Mere: Āe, hei te waru!

As we discovered in Week Thirty-One, the word **ai** has many different functions. The dialogue between Mere and Māka demonstrates five different uses of the word, three of which were studied last week:

1. How to use **ai** after an action word or verb (both affirmative and passive verb forms), to indicate that a particular action is done on a regular basis. This is what we call habitual action, e.g. *Oma **ai** rātou ia rā* (They go for a run every day)

2. How to use **ai** in combination with **āhea** to ask when something will happen – ***Āhea** te Pirimia tae mai **ai**?* (When will the Prime Minister be arriving?)

3. And using **ai** in combination with **Mā hea** to ask or say how someone or something will be travelling to a particular destination. The **ai** in this sentence emphasises the mode of travel as being the major focus of the sentence, e.g. ***Mā hea** tātou haere **ai**?* (How will we be travelling?)

When using **ai** with **Mā hea** the *route* you will be taking to get to a particular destination may be the basis of the question. Usually the context of the conversation will tell you whether a person is asking you: 1) by what means of transport; or 2) by which route you will be travelling. For example:

1. Mā hea koe haere mai ai?   *How are you going to get here?*
   Mā runga pahi   *On the bus*
2. Mā hea koe haere mai ai?   *Via which route will you get here?*
   Mā ngā huarahi o Tihi me Richards   *Via Tihi St and Richards St*

In question 1, the mode of transport is unknown. In question 2, it is known, is a given, or has already been mentioned during the earlier parts of your conversation.

HARATAU – PRACTICE

Rāhina – Monday

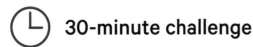 30-minute challenge

1. **Tirohia ngā pikitia nei, ka whakautu ai i te pātai: 'Mā hea koe haere ai (te ara ka whāia)?' Kua hoatu te tuatahi hei koha.**

1. *Look at the following pictures, then answer the question: 'How will you get there (by which route)?' The first answer has been provided for you.*

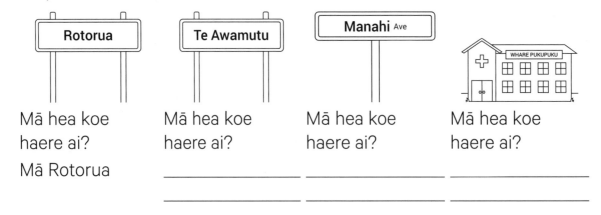

Rotorua	Te Awamutu	Manahi Ave	WHARE PUKUPUKU
Mā hea koe haere ai?	Mā hea koe haere ai?	Mā hea koe haere ai?	Mā hea koe haere ai?
Mā Rotorua	_____	_____	_____
	_____	_____	_____

Mā hea koe
haere ai?

Mā hea koe
haere ai?

Mā hea koe
haere ai?

Mā hea koe
haere ai?

_____   _____   _____   _____

_____   _____   _____   _____

Rātū – Tuesday

In the conversation we are studying between Mere and Māka, Mere says,
'Tēnā, whakaritea ō hū omaoma, ka oma ai tāua'. This is an example of
another way of using the word **ai**. It is similar in meaning to the sentence
we learned in Week Twenty-Eight of the first *Māori Made Easy* book
where we used **kātahi ka** to say the equivalent in English to *and then*. For
example:

Haere mai ki konei mā runga pahi, kātahi ka kai tahi tāua
Come here on the bus, and then we (you and I) will eat together

Haere mai mā te huarahi o Kings, kātahi ka huri matau
Travel via Kings Rd, and then turn right

Tapahia te mīti kātahi ka tunu
Cut the meat and then cook it

Māku ngā whawhewhawhe e hopu, kātahi ka tuku ki a koe
I will record all the gossip and then send it to you

All of these sentences can be reconstructed using the **ka . . . ai** phrase, for
example:

Haere mai ki konei mā runga pahi, ka kai tahi ai tāua
Come here on the bus, and then we (you and I) will eat together

Haere mai mā te huarahi o Kings, ka huri matau ai
Travel via Kings Road, and then turn right

Tapahia te mīti, ka tunu ai
Cut the meat then cook it

Māku ngā whawhewhawhe e hopu, ka tuku ai ki a koe
I will record all the gossip and then send it to you

1. Me tuhi anō i ēnei kōrero, kia *ka . . . ai* kē.

1.   *Rewrite these sentences using **ka . . . ai**.*

 1. Me tatari kia puta ia, kātahi ka whawhewhawhe tāua

 Me tatari kia puta ia, ka whawhewhawhe ai tāua

 2. Kāore e pai ana kia hāmama koe, kātahi ka haere ki waho

 _____

 3. I kōrero Māori ia i te tīmatanga, kātahi ka huri ki te reo Pākehā

 _____

 4. Kāore e pai ana kia huri tuarā koutou ki a ia, kātahi ka kōhimuhimu mōna

 _____

 5. Me tuku ki te ngaruiti mō te rua meneti, kātahi ka tango

 _____

2. Ināianei me whakapākehā i ō rerenga reo Māori *ka . . . ai*.

2.   *Now translate your **ka . . . ai** sentences into English.*

 1. Me tatari kia puta ia, ka whawhewhawhe ai tāua

 Wait until he / she goes out (leaves), then you and I will have a gossip

 2. _____

 3. _____

 4. _____

 5. _____

Rāapa – Wednesday

In the conversation between Mere and Māka, Māka says, 'Kaua e haere mai ki konei hoihoi ai, nē?' When used in this manner, the **ai** connects the action, in this case **hoihoi**, or *to be noisy*, to the location which is **konei**, or *here*. So this sentence is saying, 'Don't come here and be noisy, ok?' **Nē** is a great word which you will use a lot as your fluency increases. It can mean many things (ok/right/true/you don't say?) and is used to elicit a response from someone, e.g. *Me haere tāua, nē?* (Let's (you and I) go, shall we?)

Let's analyse some examples of how to use this form of **ai**. Remember, it connects the **action (*kupu mahi*)** to the location (***kupu wāhi***).

Kei te haere rātou ki <u>Rotorua</u> **noho** ai

*They are going to <u>Rotorua</u> **to live***

Kua nuku ia ki <u>Tāmaki</u> **kimi mahi** ai
*He / She has shifted to <u>Auckland</u> **to find work***

Waiho ia i <u>konā</u> **whakakūene** ai
*Leave him / her <u>there</u> **to sulk***

 30-minute challenge

1. Whakapākehātia / Whakamāoritia rānei ēnei rerenga kōrero. Whakamahia te *ai* hei hono i te wāhi ki te mahi.

*1. Translate the following sentences into English or Māori. Use **ai** to connect the location to the action.*

1. Go to school and learn

   _____

2. Haere ki te whare pukapuka pānui ai

   _____

3. Haere ki tō ruma whawhewhawhe ai

   _____

4. Don't go there and start whispering

   _____

5. Kaua e haere ki tōna whare amuamu ai!

   _____

6. Go to the kitchen and make some food

   _____

7. They (2) have to go there to apologise

   _____

8. Kei te puta rātou ki waho, tākaro ai

   _____

9. E haere mā raro ana rātou ki te whare pāremata, porotēhi ai

   _____

10. We (us 4) are going to the river to swim

   _____

Rāpare – Thursday

 30-minute challenge

1. **E nanu ana ngā kupu o ēnei rerenga, māu e whakaraupapa.**
1. *The words in the following sentences are jumbled. Place them in the correct order.*

1. haere ia Mere te o whare ai kōhimuhimu kua ki

   Kua haere ia ki te whare o Mere kōhimuhimu ai

2. haere kua rātou tātahi ki ai pāinaina

   _____

3. neke te kei whānau te Kirikiriroa ki ai noho

   _____

4. koe haere te marae ki whakarongo ai ngā ki kōrero

   _____

5. ai āwhina ia mīhana te kei te haere ki

   _____

6. i ai haere whānau te moana ki te hī ika

   _____

7. ako ai hoki a kua Miriama te ki whare wānanga

   _____

8. i taku māmā haere ai ki mahi reira ētahi tau mō

   _____

9. ki te kua kuhu rakiraki hōpua kimi ai kai ngā

   _____

10. au tae ki tō āpōpō peita whare ka ai

    _____

Rāmere – Friday

 30-minute challenge

1. Whakarongo ki te pāhorangi mō tēnei wiki:

1. Listen to this week's podcast at:

 www.MaoriMadeEasy2.co.nz

2. Ko te wero i tēnei ra, he tūhura i te nama huna. KAUA E PAKU TITIRO KI TE KŌRERO I WAENGANUI I A MĀKA RĀUA KO MERE I TE TĪMATANGA O TE WIKI! Tuhia te nama tika kia tika ai te raupapatanga o ngā rerenga kōrero i waenganui i a Māka rāua ko Mere.

2. This challenge today is to 'crack the code'. DON'T TAKE A PEEK AT THE DIALOGUE BETWEEN MĀKA AND MERE AT THE START OF THE CHAPTER! Put the sentences in their correct order, then write the number of each sentence. Did you crack the code? Check in the answer section at the back of the book.

1. Mere: Koia kei a koe. Tēnā, whakaritea ō hū omaoma, ka oma ai tāua.
2. Māka: Āe, kei mataku tāku ngeru hōu. Hei te waru, nē?
3. Mere: Kei mataku tō ngeru hōu?
4. Māka: Ka pai, āhea au tīkina ai e koe?
5. Māka: E mea ana koe!
6. Mere: Mā runga i te waka o tōku māmā.
7. Mere: Ki te tihi o Maungakiekie!
8. Māka: Kia mōhio mai koe, kātahi anō au ka hoko punua ngeru, nō reira kaua e haere mai ki konei hoihoi ai, nē?
9. Mere: Ā te waru karaka.
10. Māka: Mā hea koe haere mai ai?
11. Mere: Oma ai koe ia rā, nē Māka?
12. Māka: I nē? Ki hea?
13. Mere: Āe, hei te waru!

Write your 'code' here:

____ ____ ____ ____ ____ ____ ____ ____

____ ____ ____ ____ ____

No weekend word list this weekend, e hoa mā, but prepare for next week. It's your first revision week. A week designed to test where you're at, and if you are beginning to comprehend sentence structures and understand the language!

WEEK THIRTY-FIVE
Wiki Huritao – Revision week

Whakataukī o te wiki
Proverb of the week
Tēnā te ringa tango parahia
That is the hand that pulls out the weeds (used for a diligent, hard-working person)

Rāhina – Monday

 30-minute challenge

Pānuitia tēnei kōrero kei waenganui i a Atawhai me Anaru, ka tuhi ai i ō whakautu ki ngā pātai.

Read the dialogue between Atawhai and Anaru, then answer the questions.

Atawhai: Hei, Anaru, kua paru te whāriki o te whare i ō pūtu whutupōro.

Anaru: Mō taku hē. I wareware au ki te tango.

Atawhai: Heoi anō, i pēhea tā koutou tākaro? E ai ki ngā kōrero i tino pai koutou i te rā nei, nē?

Anaru: Āe, i mataku ētahi i te kaitā o te hanga o ngā hoariri, engari i māia tonu mātou.

Atawhai: Nō reira, he aha ngā tatau whakamutunga?

Anaru: I toa mātou, tekau mā waru ki te whitu! Engari tumeke tonu mātou i te rironga o te wikitōria i a mātou. Whakamā tonu hoki tō mātou kaiako i tana kī mai ki a mātou i mua i te tīmatanga o te tākaro, e kore pea koutou e toa, engari me ngana kia tata! Te hia kore nei i whakapono!

Atawhai: Kaua e pāpōuri i tēnā, e tama. Kei wareware i a koe, kei te tino whakapono ngā mātua katoa ki a koutou.

Anaru: Tēnā koe, e Ata, engari whakamā tonu au i taku noho wahangū. Ka mahue taku kī atu, 'Engari mō tēnā, Matua Riki, ka toa kē mātou, ka kite koe!'

Atawhai: Koinā tō pai, e Anaru, ka mate ururoa, ahakoa te aha, ahakoa pēhea! Kāti, kei te aha koe ināianei?

Anaru: Kei te toro au i taku whaea kēkē, i a Turahira. Kātahi anō ka whānau mai i a ia tāna pēpi hōu.

Atawhai: Pīwari! Ko wai te ingoa?

Anaru: Ko Hēnare. He tama. Kua ea te hiahia o Turahira kia whai tama. Tokotoru kē āna kōtiro.

Atawhai: Ka pai. Kei te tino ora a pēpi rāua ko māmā?

Anaru: Ora rawa atu!

1. I paru te whāriki i ngā aha?

   _____

2. Tuhia te kupu kei te ngaro: 'I _____ au ki te tango'

   _____

3. I mataku te kapa whutupōro o Anaru i te aha?

   _____

   _____

4. He aha te tatau whakamutunga? Tuhia ngā whika (digits).

   _____

5. He aha te kōrero a te kaiako i mua i te tākaro?

   _____

   _____

6. Whakapākehātia tēnei kōrero: 'Te hia kore nei i whakamā!'

   _____

   _____

7. He aha te kupu Pākehā mō 'pīwari'?

   _____

8. Tokohia ngā tamariki a Turahira?

   _____

   _____

9. Kei te toro a Anaru i a wai?

   _____

   _____

10. Tuhia ngā rerenga tūāhua a Atawhai.

    a. _____

    b. _____

    c. _____

11. Tuhia ngā rerenga tūāhua a Atawhai.

    a. _____

    b. _____

    c. _____

    d. _____

    e. _____

    f. _____

Rātū – Tuesday

 30-minute challenge

Pānuitia tēnei kōrero kei waenganui i a Atawhai me Anaru, ka tuhi ai i ō whakautu ki ngā pātai.

Read the dialogue between Atawhai and Anaru, then answer the questions.

Atawhai: Tēnā koe, Anaru, ki ō whakaaro ka hāparaparatia te puku o tō tāua koroua, ka kore rānei?

Anaru: Te āhua nei ka hāparaparatia, e hoa. Kei te raruraru ētahi o ōna whēkau, ā, e hiahia ana ngā tākuta ki te huaki i tōna puku, kia taea ai e rātou te rongoā tika te whakarite.

Atawhai: Ki ō whakaaro, ka taea e rātou?

Anaru: Ka taea e rātou te aha?

Atawhai: Ka taea e rātou ngā raruraru hauora o Koro te whakatika?

Anaru: Me taea! Kei te nui taku aroha ki tō tāua koroua! Kei te tino āwangawanga au ki a ia.

Atawhai: I pai ia i te hunuhunu a te whānau i tērā wiki, nē, mea rawa ake . . .

Anaru: Āe. Kei te hui ōkawa ngā pakeke o te whānau ki ngā tākuta a te pō nei, ki te whiriwhiri ka ahatia a Koro.

Atawhai: Kua kite koe i a Koro i te hōhipera?

Anaru: Āe, i reira au inapō. Ka taea tonutia e ia ngā momo mahi katoa te mahi, anō nei e kotahi ōrau kē ana tōna hauora.

Atawhai: Hei mua i te Kirihimete ia hāparaparatia ai? Hei muri rānei?

Anaru: Taku whakapae, hei mua. Ehara hoki tēnei i te takoki raparapa, i te hārau popoki, i te karu marū rānei . . . te āhua nei he take nui.

Atawhai: Kāti, e hoa, he mahi rānei e taea e au te mahi hei āwhina i a Koro i tēnei wā?

Anaru: Kei te pīrangi ia ki te mōhio, i ahatia e koe tana waka i muri i te hunuhunu i tērā wiki. Hei tāna, i pakaru i a koe!

Atawhai: Auē! Me hari putiputi au ki a ia, he rōhi, he kopoti, he aha atu, he aha atu, hei mea whakapāha māku!

1. Kei te pīrangi a Koro ki te mōhio i ahatia e wai tōna waka?

   _____

   _____

2. Kei te hāparaparatia te puku o wai, ā, kei te raruraru ōna aha?

   _____

   _____

3. Kei te hāparaparatia kia taea ai e ngā tākuta te aha?

   _____

   _____

4. Tuhia te kupu kei te ngaro, 'Kei te tino _____ au ki a ia'

   _____

5. He aha te kupu Pākehā mō hunuhunu?

   _____

6. I pakaru te waka o Koro i a wai?

   _____

7. Kei te hui ōkawa te whānau ki a wai?

   _____

   _____

8. Nōnāhea te hunuhunu a te whānau i tū ai?

   _____

   _____

9. I tae tō rāua koroua ki te hunuhunu?

   _____

10. Whakapākehātia ēnei rerenga:
    a. takoki raparapa =

    _____

    b. hārau popoki =

    _____

    c. karu marū =

    _____

Rāapa – Wednesday

 30-minute challenge

Pānuitia tēnei kōrero kei waenganui i a Atawhai me Anaru, ka tuhi ai i ō whakautu ki ngā pātai.

Read the dialogue between Atawhai and Anaru, then answer the questions.

Kei waho i te whare a Anaru e mau taiaha ana.

Atawhai: Para whakawai ai koe, nē Anaru?

Anaru: Āe! Kia ea ai i a au te whakatauākī rā, 'Raka te mauī, raka te matau'.

Atawhai: Āhea tēnā mahi mutu ai?

Anaru: Ākuanei. Kei te haere tāua ki hea?

Atawhai: Ki te hokomaha. Me hoko pū kākano, kāngarere, puarere, parāoa, miraka . . . ngā mea katoa mō te parakuihi.

Anaru: Ka pai. Ka hoko kai, ka whakahokia mai ki te kāinga, ka whakaputuhia ai ki ngā whata, nē?

Atawhai: Koia koia, e hoa! Me whai tōneke, me whakakī ki te kai, ka hoki ai ki te kāinga.

Anaru: Mā hea atu tāua?

Atawhai: Mā raro. Mōhio tonu koe he tata te hokomaha.

Anaru: Āe, engari kia mōhio noa mai koe, kātahi anō au ka takoki i taku raparapa, i a au e para whakawai nei, nō reira he pai ake pea kia haere tāua mā runga waka.

Atawhai: Hei a koe hoki! Kei te pai, engari takokihia ai tō raparapa, nē?! Me mutu te mau taiaha!

Anaru: Engari ki te kore au e mau taiaha, me aha kē au?

Atawhai: Me pūrei kāri! Kia tere, kua haere tāua!

1. Ki te reo Pākehā, he aha te tikanga o te whakatauākī rā, 'Raka te mauī, raka te matau'?

   _____

   _____

2. He aha te kupu Pākehā mō 'para whakawai'?

   _____

3. Me hoko aha i te hokomaha?

   _____

   _____

4. Tuhia te kupu kei te ngaro: 'Ka _____ ai ki ngā whata, nē?'

   _____

5. He aha te kupu Pākehā mō 'whakaputu'?

   _____

6. Mā hea atu rāua ki te hokomaha?

   _____

7. Kātahi anō a Anaru ka aha?

   _____

   _____

8. He tata, he tawhiti rānei te hokomaha?

   _____

9. Me aha a Anaru ki te kore ia e mau taiaha?

   _____

10. E rua ngā kīwaha kei roto i te kōrero nei, tuhia, whakapākehātia.

a. _____ = _____

b. _____ = _____

Rāpare – Thursday

🕐 30-minute challenge

Pānuitia ngā tīwhiri, ka tuhi ai i te kupu.

Read the clues and guess the word.

1. He momo waka 2. E rua ngā porotiti 3. Tour de France _____	1. Te atua 2. Te whakapono 3. Te whare mō te īnoi _____	1. Hīkoi 2. Kāore e whakaae ana 3. Tiriti o Waitangi _____	1. He momo umu 2. Whakamahana kai 3. Nā Percy Spencer i hanga tuatahi _____
1. Ka haere ki te hōhipera mō tēnei 2. He huaki tinana 3. Ka whakamoea koe _____	1. He iti, he pūoto te āhua 2. Mā ēnei ka mahi te rau mamao 3. Mā ēnei ka kā te rama (*torch*) _____	1. He taputapu mō te raumati 2. Ka pā ki te kiri 3. He whakaruruhau i a koe i ngā hihi o te rā _____	1. Kei roto i tō upoko 2. Ka āwhina i a koe ki te whakaaro 3. Ka tuku karere ki tō tinana kia kori _____
1. He hākari raumati 2. Kei waho i te whare 3. He tōtiti ka tunua _____	1. He wā harikoa 2. He wā whai perehana 3. He wā ki a Ihu Karaiti _____	1. Ina taka i tō pahikara, ka pēneitia tō popoki 2. Ka rere te toto 3. Ka pāpaka te kiri _____	1. Ki te mekea tō karu, ka hua ake tēnei 2. Ka pēnei hoki te āhua o ētahi huarākau 3. He waiporoporo _____

1. He pani pīataata mō ngā ngutu 2. He whakairo mō te whare 3. He kākahu ātaahua mō te hui _____	1. He maha ōna tae 2. Kei roto i te rangi 3. He tāwhana i muri i te ua _____	1. Mēnā ka hē tō mahi, ka pēnei koe 2. He kupu aroha mō tō hē 3. E ai ki te paipera, he rīpene tā _____	1. Ka haere ngā waka mā runga i tēnei 2. He tōtika ētahi, he kōpikopiko ētahi 3. 50 kiromita te ture _____

Rāmere – Friday

 30-minute challenge

1. **Whakarongo ki te pāhorangi mō tēnei wiki – he momo whakamātautau whakarongo kei reira.**

1. _Listen to this week's podcast, a listening test has been prepared for you._

 www.MaoriMadeEasy2.co.nz

Weekend Word List

Haunga	Smelly / Stinky
Huaki	Open / Gut
Whēkau	Insides / Guts / Organs
Oko	Bowl
Hari	Carry / Take
Ruaki	Vomit
Wāhi	Place
Pakupaku	Small
Uru	Enter / Go in
Tauhou	Stranger
Takaroa	Late
Hāmama	Shout
Pīrahi	Fragile
Atamai	Clever
Pakapaka	Burnt (food)

WEEK THIRTY-SIX
More on using 'hoki' and 'rawa'

Whakataukī o te wiki
Proverb of the week
E kore e taea te rākau pirau te whao
Some people just can't be helped / can't be told

He Tauira Kōrero

Mere: E Māka, he aha hoki tēnā?

Māka: Ko ngā whēkau o te kina, e hoa.

Mere: Te haunga hoki! Me huaki rawa ki konā? Ka kai rawa koe i ēnā whēkau nā?

Māka: Āe marika, he reka hoki.

Mere: Engari hoki mō tēnā! He haunga rawa, e hoa, me hari atu i konei, kei ruaki au.

Māka: Tīkina mai he oko, ka haria e au ki wāhi kē.

Ka tīkina e Mere he oko, ka hoatu ki a Māka.

Mere: Haria ki te whare o Rewi, kāore e kore ka hiahia hoki ia ki te kai i tēnā kai.

Māka: E hoa, he pakupaku rawa tēnei oko, e kore te katoa o ēnei whēkau nei e uru ki roto.

Mere: Pakupaku rawa? He aha hoki! Ka uru te katoa, māku hoki koe e āwhina kia uru ai!

Both **hoki** and **rawa** are used to provide emphasis to questions and statements. Firstly, let's focus on **hoki**. In the first sentence of this week's dialogue, Mere asks Māka, 'He aha hoki tēnā?' If **hoki** was not present in the question like this, Mere would simply be asking, 'He aha tēnā?' (*What is that (by you)?*). But because she has used **hoki** she is now saying, 'What on earth is that?' When she finds out that what she is asking about are kina guts, she says, 'Te haunga hoki!' An exclamation that is emphasised by the presence of the **hoki**. Let's take a look:

He aha tēnā?	*What is that (by you)?*
He aha **hoki** tēnā?	*What on earth is that (by you)?*
Te haunga!	*It smells!*
Te haunga **hoki**!	*It absolutely stinks!*
Ko wai atu?	*Who else is there?*
Ko wai atu **hoki**?	*Just who else is there?*

HARATAU – PRACTICE

Rāhina – Monday

🕐 **30-minute challenge**

1. Whakahonoa ngā rerenga i te taha mauī ki te taha matau.

1. Join the sentence on the left to its correct partner on the right.

Kua tiko te kau	Aua hoki, he tauhou
Kua toa anō a Usain Bolt i te 100m	Kāo! He aha hoki tērā?
Titiro ki tērā mea. Kua kite mea pērā koe?	tōna tere hoki
Ka taea e rātou	te haunga hoki!
Whoa, titiro ki tērā wahine!	He aha hoki! E kore tātou e toa, ahakoa pēhea
Kua takaroa anō te pahi	Ko wai hoki tērā?
Tērā e hāmama mai rā, ko wai hoki tērā?	māku hoki rātou e āwhina kia oti ai
Kia kaha koe kia toa ai tātou	Te pōturi hoki, nē?

1. _____
2. _____
3. _____
4. _____
5. _____
6. _____
7. _____
8. _____

2. Ināianei me whakapākehā koe i ō rerenga.

2. Now translate your sentences into English.

1. _____
2. _____
3. _____
4. _____

5. _____

6. _____

7. _____

8. _____

Rātū – Tuesday

A very handy way of using **rawa** is when you want to say something or someone is 'too big' or 'too small' or 'too slow', and so on. To achieve this, place **rawa** straight after the word you want to modify; it will usually be an adjective (describing word) or a verb (action word).

Kaua e ruku ki konei, he pāpaku <u>rawa</u> te wai

Don't dive here, the water is <u>too</u> shallow

He taumaha rawa tēnei pouaka

This box is too heavy

He momona rawa koe ki te kuhu ki tēnā tūru

You are too obese to fit in that chair

Kāore e kore kei te kai rongoā wirikoka ia, he pāuaua nōna

There is no doubt he is taking steroids, he is too muscular

🕒 30-minute challenge

1. Tuhia he rerenga kōrero mō ia pikitia, whakautua tō rerenga ki te kupu *mōna*.

1. *Write a sentence for each picture. The last word in your sentence will be **mōna**, 'for him' or 'for her'.*

_____ _____ _____ _____ _____

_____ _____

2. Whakamāoritia ēnei rerenga kōrero.

2. *Translate these sentences into Māori.*

1. You are too slow in the mornings

_____

_____

2. That part of the ocean is too deep

_____

_____

3. You are too big to fit in there

_____

_____

4. This is too fragile

_____

_____

5. You are too clever

_____

_____

6. I am too quick for you

_____

_____

7. We (us 5) got told off because you were too late

_____

_____

8. Don't eat that, it's too burnt

_____

_____

Rāapa – Wednesday

🕐 30-minute challenge

1. **E nanu ana ngā kupu o ēnei rerenga, whakatikahia (ko ētahi he _hoki_, ko ētahi he _rawa_).**

1. _The words in these sentences are jumbled. Put them in the correct order (some are **hoki** sentences, some are **rawa**)._

  1. ō karu rawa nui he

_____

  2. wai hoki nā kurī tērā

_____

  3. wai ki te pērā kōrero koe ko hoki a au ki

_____

  4. Turituri! nō hoihoi koutou he rawa

_____

5. rare rawa reka ēnei he

_____

6. rawa e kore au i a pau tēnei he kai e nui

_____

7. pirau te ō niho hoki o

_____

8. E kore au haere e hoki, he nōku mataku rawa

_____

Rāpare – Thursday

 30-minute challenge

1. **Ko te wero i tēnei ra, he tūhura i te nama huna. KAUA E PAKU
   TITIRO KI TE KŌRERO I WAENGANUI I A MĀKA RĀUA KO MERE
   I TE TĪMATANGA O TE WIKI! Tuhia te nama tika kia tika ai te
   raupapatanga o ngā rerenga kōrero i waenganui i a Māka rāua
   ko Mere.**

1. _This challenge today, is to 'crack the code'. DON'T TAKE A PEEK AT
   THE DIALOGUE BETWEEN MĀKA AND MERE AT THE START OF
   THE CHAPTER! Put the sentences in their correct order, then write
   the numbers of each sentence. Did you crack the code? Check in the
   answer section at the back of the book._

   1. Māka: Āe marika, he reka hoki.
   2. Ka tīkina e Mere he oko, ka hoatu ki a Māka.
   3. Māka: E hoa, he pakupaku rawa tēnei oko, e kore te katoa o ēnei
      whēkau nei e uru ki roto.
   4. Māka: Tīkina mai he oko, ka haria e au ki wāhi kē.
   5. Mere: Pakupaku rawa? He aha hoki! Ka uru te katoa, māku hoki koe e
      āwhina kia uru ai!
   6. Māka: Ko ngā whēkau o te kina, e hoa.
   7. Mere: E Māka, he aha hoki tēnā?
   8. Mere: Te haunga hoki! Me huaki rawa ki konā? Ka kai rawa koe i ēnā
      whēkau nā?
   9. Mere: Engari hoki mō tēnā. He haunga rawa, e hoa, me hari atu i konei,
      kei ruaki au.
   10. Mere: Haria ki te whare o Rewi, kāore e kore ka hiahia hoki ia ki te kai i
       tēnā kai.

Write your 'code' here:

____ ____ ____ ____ ____ ____ ____ ____ ____ ____

2. Whakaotia tēnei pangakupu.

2. Complete the crossword.

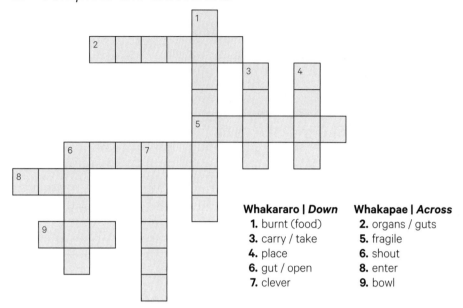

Whakararo | Down
1. burnt (food)
3. carry / take
4. place
6. gut / open
7. clever

Whakapae | Across
2. organs / guts
5. fragile
6. shout
8. enter
9. bowl

Rāmere – Friday

 30-minute challenge

1. Whakarongo ki te pāhorangi mō tēnei wiki:

1. Listen to this week's podcast at:

 www.MaoriMadeEasy2.co.nz

2. Me whakapākehā tā Māka rāua ko Mere kōrero.

2. Now translate Māka and Mere's conversation into English.

Mere: E Māka, he aha hoki tēnā?

_____

Māka: Ko ngā whēkau o te kina, e hoa.

_____

Mere: Te haunga hoki! Me huaki rawa ki konā? Ka kai rawa koe i ēnā whēkau nā?

_____

_____

Māka: Āe marika, he reka hoki.

_____

Mere: Engari hoki mō tēnā. He haunga rawa, e hoa, me hari atu i konei, kei ruaki au.

_____

_____

Māka: Tīkina mai he oko, ka haria e au ki wāhi kē.

_____

Ka tīkina e Mere he oko, ka hoatu ki a Māka.

_____

Mere: Haria ki te whare o Rewi, kāore e kore ka hiahia hoki ia ki te kai i tēnā kai.

_____

_____

Māka: E hoa, he pakupaku rawa tēnei oko, e kore te katoa o ēnei whēkau nei e uru ki roto.

_____

_____

Mere: Pakupaku rawa? He aha hoki! Ka uru te katoa, māku hoki koe e āwhina kia uru ai!

_____

_____

Weekend Word List

Mutunga kē mai o te maroke	Really, really dry (boring!)
Kangakanga	Continually swear and curse
Ruku	Dive
Whare karakia	Church
Mekemeke	Boxing
Tāuwhiuwhi	Shower with water
Kūtai	Mussel
Kōeko	Cone
Aihikirīmi	Ice cream
Tapepe	Trip
Wawe	To do quickly
Ahitereiria	Australia
Amerika	America
Rata	To like
Ipo	Sweetheart
Tauwehe	Separate
Whare toatini	Mall
Pakirara	Rude
Tarau makere	Promiscuous woman
Ure paratī	Promiscuous man

WEEK THIRTY-SEVEN
More on answering 'why' questions

Whakataukī o te wiki
Proverb of the week
He ao te rangi ka ūhia, he huruhuru te manu ka tau
As clouds adorn the sky, feathers enhance the beauty of the bird (said of a well-dressed, fashionable person)

He Tauira Kōrero

Kei roto a Mere rāua ko Māka i te whare.

Māka: E kare, huakina ngā matapihi, he wera rawa nō te rūma nei.

Mere: Tika tāu! Hei, he aha koe i kore ai e haere ki te whare wānanga inanahi?

Māka: He kore nōku i pīrangi. He hōhā nōku ki aku kaiako.

Mere: He aha te mate o ō kaiako?

Māka: Ko ētahi, te mutunga kē mai o te maroke.

Mere: Koinā te kōrero pono?

Māka: Ā, heoi anō, he māngere hoki pea nōku!

Mere: He aha ai? Ehara koe i te tangata māngere, haere ai koe ki te whakangungu, ia rā.

Māka: He pai nōku ki te whakangungu tinana, engari anō te whakangungu roro!

Mere: Heoi anō, kei te haere au ki te whare wānanga i te rā nei, he hiahia nōku ki te whakarongo ki a Wharehuia.

Māka: Kāore au e haere, he ngenge rawa nōku.

Mere: Ngenge i te aha?

Māka: I te whakangungu tinana i te ata nei!

You may remember the 'why' questions from Week Twenty-Three of *Māori Made Easy*. As mentioned at that stage of your study, the most important aspect of the 'why' question phrase is to get the **ai** in the correct position. Look carefully at these examples:

He aha ai?	*Why?*
He aha i kore ai?	*Why not?*
He aha koe i haere ai?	*Why did you go?*
He aha koe i kore ai i / e haere?	*Why did you not go?*
He aha rātou i haere ai ki Rotorua?	*Why did they go to Rotorua?*

He aha rātou i kore ai i / e haere ki Rotorua?   *Why did they not go to Rotorua?*

As you can see, in the affirmative sentence structure, **ai** is placed after the verb or action word. In the negative sentence structure, we use the negating word **kore** and place it between the **i** and the **ai**. The verb shifts to after the **ai**, preceded by an **i** or **e**. I have noticed over the past 25 years of learning and teaching the language that it's almost split down the middle, whether an expert speaker will use **i** after the **i kore ai** or whether they will use **e**. I have also yet to hear or discover a definitive and comprehensive argument about whether one should be preferred over the other, hence the reason I give you the option to use **i** or **e** – whichever you prefer!

HARATAU – PRACTICE

Rāhina – Monday

 30-minute challenge

1. **Tirohia ngā whakaahua nei. Tuatahi, tuhia he rerenga 'he aha i . . . ai?' mō ia whakaahua. Tuarua, me whakakāhore koe i taua rerenga.**
1. *Look at the pictures. The first part of this exercise is to write a **'he aha i . . . ai?'** phrase for each picture. The second part is to negate that phrase.*

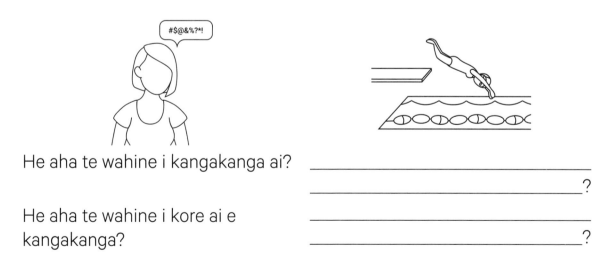

He aha te wahine i kangakanga ai?   _____
_____?

He aha te wahine i kore ai e kangakanga?   _____
_____?

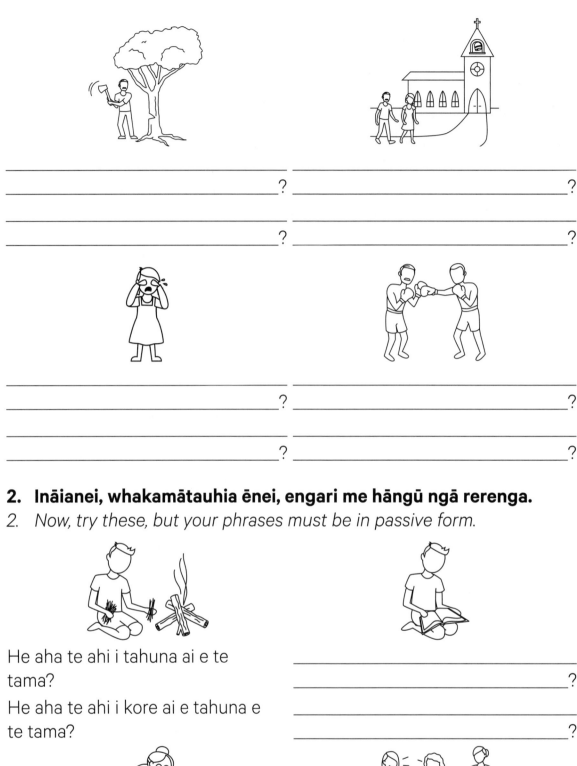

_____?   _____?

_____?   _____?

_____?   _____?

_____?   _____?

2. Ināianei, whakamātauhia ēnei, engari me hāngū ngā rerenga.

2.   Now, try these, but your phrases must be in passive form.

He aha te ahi i tahuna ai e te tama?

_____?

He aha te ahi i kore ai e tahuna e te tama?

_____?

_____?   _____?

_____?   _____?

_____

_____?   _____?

_____

_____?   _____?

3. Ināianei, whakamātauhia ēnei, engari me tūāhua ngā rerenga.

3. Now, try these, but your phrases must be in stative verb form.

He aha te koata/karaehe i pakaru ai
i te tama?   _____

_____?

He aha te koata/karaehe i kore ai i
pakaru i te tama?   _____

_____?

_____

_____?   _____?

_____

_____?   _____?

Don't forget your books

_____

_____?   _____?

_____

_____?   _____?

Rātū – Tuesday

Before we dive into today's mahi, I would just like to point out something important from yesterday. In the 30-minute challenge, you were asked to compose a phrase using the sentence pattern **he aha i . . . ai?** for each picture. Then you had to negate that phrase. In the stative section of this challenge, there was a picture of a tree falling to the ground, and a ball falling from a boy's hands. In Māori terms, there are two types of *falling*, both stative verbs.

Tuatahi, the word **taka**. This is the type of falling from directly above, downwards. The person or object falling shifts from where they were to a new position below. Like a child falling from a tree to the ground, a pen falling from a hand to the ground, that is when you would use **taka**.

Kua taka te tama i te rākau

Kua taka te pene i te ringa

Hinga is used when the base of the object falling, or the feet of the person falling, remain in the same place, so when a person faints or trips over that is **hinga**, not *taka*. Just like when a tree falls over, its roots remain in the same place as they were when the tree was standing.

Kua hinga te tangata

Kua hinga te rākau

🕐 **30-minute challenge**

1. **Kōwhirihia te kupu tika mō ēnei pikitia, *hinga*, *taka* rānei.**

1. *Choose the correct word for each picture, **hinga** or **taka**.*

  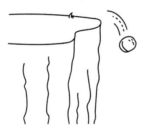 

  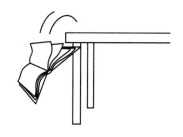

If you finish today's mahi early, then you can come back to this exercise and write the whole sentence for each picture. Now, we have already learnt how to answer **He aha i . . . ai?** questions in Week Twenty-Three of *Māori Made Easy*, with the phrase **nā te mea**, or *because*, like this:

He aha rāua i hoko inu ai?	*Why did they buy drinks?*
Nā te mea i tino hiainu rāua	*Because they were extremely thirsty*
He aha koe i haere ai ki Ahitereiria?	*Why did you go to Australia?*
Nā te mea e rata ana au	*Because I like it*
He aha koe i waea atu ai ki a Mere?	*Why did you call Mere?*
Nā te mea i te mokemoke au	*Because I was lonely*
He aha koe i noho wawe ai?	*Why did you sit down so quickly?*
Nā te mea kua kōrero kē au	*Because I have already spoken*

A more advanced way to answer a *why* question is to use the phrase **he . . . nō**, like this:

He tino hiainu nō rāua	*Because they were extremely thirsty*
He rata nōku	*Because I like it*
He mokemoke nōku	*Because I was lonely*

You will notice that this way of answering a *why* question tends to favour the 'o' category word **nō**. This is because there are feelings or qualities involved, which makes it an 'o' category.

2. Whakaarohia he whakautu auaha ki ēnei pātai, whakamahia te *he . . . nō*.

*2. Think of some creative answers to these questions using **he . . . nō**.*

1. He aha koe i tae tōmuri ai ki te kura?

   _____

2. He aha koe i haere ai ki Amerika?

   _____

3. He aha koe i tautoko ai i a ia?

   _____

4. He aha koe i riri ai ki tō teina?

   _____

5. He aha te whānau i haere ai i Tāmaki ki Rotorua noho ai?

   _____

6. He aha kōrua ko tō ipo i tauwehe ai?

   _____

7. He aha koe i pōti ai ki a Reipa?

   _____

8. He aha koe i kore ai e pōti ki te Rōpū Tōrangapū Māori?

   _____

9. He aha koe i kore ai i whakaae ki tāna tono kia whai kōrua?

   _____

10. He aha ia i kore ai i tae mai ki tōku huritau?

    _____

Rāapa – Wednesday

So far, we have used the sentence pattern **he . . . nō** to answer *why* questions. However, it has other useful purposes when you are speaking Māori to someone. On its own, it's a very effective way of saying *because* during a conversation. As Mere says in her conversation with Māka this week, 'Heoi anō, kei te haere au ki te whare wānanga i te rā nei, he hiahia nōku ki te whakarongo ki a Wharehuia' ('Oh well, I am going to uni today because I want to listen to Wharehuia').

Here are some more examples:
I waku niho au, he paru nō aku niho
I brushed my teeth because my teeth were dirty

Kaua e whakapōrearea i a ia, he riri nōna
Don't annoy him, (because) he is angry

Me whakaweto au i te pouaka whakaata, he hoihoi rawa nō koutou
I'm going to turn off the TV because you guys are too noisy

Kāore rāua i te haria ki te whare toatini, he pakirara nō rāua
They will not be taken to the mall because they are rude

30-minute challenge

1. Whakamāoritia, whakapākehātia rānei ēnei rerenga kōrero.

1. Translate these sentences into Māori or English.

1. He hōhā nōku ki a ia

_____

2. Because you are too rude

_____

3. Because we (us 2) are scared

_____

4. Kāore au i te whakapono i eke panuku, he ngoikore nōna

_____

5. Kāore au i wātea, he mātakitaki nōku i *Te Karere*

_____

6. He mate manawa nōna ka kore ia e tae mai ki te hui

_____

7. Taihoa ake nei ka wareware i a koe a Mere, he tarau makere hoki nōna

_____

8. You (4) had better go because your mother is angry

_____

9. Me whakarere koe i a ia, he ure paratī nōna

_____

10. Haere mai koe i taku taha, he pai nōu ki te waiata

_____

Rāpare – Thursday

30-minute challenge

1. Tuhia ngā rerenga *he . . . nō* nō te kōrero i waenganui i a Mere rāua ko Māka.

*1. Write down the **he . . . nō** sentences from the dialogue between Mere and Māka.*

1. _____

2. _____

3. _____

4. _____

5. _____

6. _____

7. _____

2. Panonitia ēnei rerenga kōrero i te *nā te mea* ki te *he . . . nō*. Mēnā he rerenga whakakāhore, me whai *kore* tōmua rawa i te *nō*, kātahi ka *i* tōmua i te kupu āhua, kupu mahi rānei.

*2. Change these sentences from **nā te mea** to **he . . . nō**. If it is a negative sentence, you will need to put a **kore** right before the **nō**, then an **i** before the adjective or verb.*

Nā te mea kāore au i pīrangi   *He kore nōku i pīrangi*

Nā te mea kāore rātou i rata   *He kore nō rātou i rata*

1. Nā te mea i takaroa rawa koe

_____

2. Nā te mea kāore rātou i pōwhiri i a māua

_____

3. Kāore au i haere nā te mea kāore au i wātea

_____

4. Nā te mea i taringa kōhatu au ki ngā tohutohu a māmā

_____

5. Nā te mea i patu ia i te kurī

_____

6. Nā te mea i ohorere māua

_____

7. Nā te mea i hāpai au i tāna kaupapa

_____

8. Nā te mea kāore ērā tikanga i hāngai i taua wā

_____

Rāmere – Friday

 30-minute challenge

1. Whakarongo ki te pāhorangi mō tēnei wiki:

1. Listen to this week's podcast at:

 www.MaoriMadeEasy2.co.nz

2. Whakapākehātia.

2. *Translate into English.*

Māka: E kare, huakina ngā matapihi, he wera rawa nō te rūma nei.

_____

Mere: Tika tāu! Hei, he aha koe i kore ai e haere ki te whare wānanga inanahi?

_____

Māka: He kore nōku i pīrangi. He hōhā nōku ki aku kaiako.

_____

Mere: He aha te mate o ō kaiako?

_____

Māka: Ko ētahi, te mutunga kē mai o te maroke.

_____

Mere: Koinā te kōrero pono?

_____

Māka: Ā, hēoi anō, he māngere hoki pea noku!

_____

Mere: He aha ai? Ehara koe i te tangata māngere, haere ai koe ki te whakangungu, ia rā.

_____

Māka: He pai nōku ki te whakangungu tinana, engari anō te whakangungu roro!

_____

Mere: Heoi anō, kei te haere au ki te whare wānanga i te rā nei, he hiahia nōku ki te whakarongo ki a Wharehuia.

_____

Māka: Kāore au e haere, he ngenge rawa nōku.

_____

Mere: Ngenge i te aha?

_____

Māka: I te whakangungu tinana i te ata nei!

_____

No word list this weekend, to give you a chance to consolidate all the word lists you have learnt thus far!

WEEK THIRTY-EIGHT
An extension on 'why' questions

Whakataukī o te wiki
Proverb of the week
Kei runga te kōrero kei raro te rahurahu
He that will cheat you at play will cheat you anyway

You have almost mastered all there is to know about *'why'* questions, however, I have one more thing to show you. So far, you have been learning how to ask a *'why'* question with **He aha i . . . ai?** Now what I want you to do is take out the **He** and replace it with **Nā te** so you end up with **Nā te aha i . . . ai?** This is an alternative way of asking a *'why'* question.

Take a look at our examples from the previous week, changed to become our alternative **Nā te aha i . . . ai?** sentence:

He aha ai?	*Nā te aha ai?*
He aha i kore ai?	*Nā te aha i kore ai?*
He aha koe i haere ai?	*Nā te aha koe i haere ai?*
He aha koe i kore ai i / e haere?	*Nā te aha koe i kore ai i / e haere?*
He aha rātou i haere ai ki Rotorua?	*Nā te aha rātou i haere ai ki Rotorua?*
He aha rātou i kore ai i / e haere ki Rotorua?	*Nā te aha rātou i kore ai i / e haere ki Rotorua?*

HARATAU – PRACTICE
Rāhina – Monday

 30-minute challenge

1. **Pānuitia anō ēnei rerenga kōrero, ka panoni ai i ngā rerenga *He aha i . . . ai?* ki *Nā te aha i . . . ai?***

1. *Have another look at these sentences and change them from **He aha i . . . ai?** to **Nā te aha i . . . ai?***

   1. He aha koe i tae tōmuri ai ki te kura?

   _____

   2. He aha koe i haere ai ki Amerika?

   _____

   3. He aha koe i tautoko ai i a ia?

   _____

4. He aha koe i riri ai ki tō teina?

_____

5. He aha te whānau i haere ai i Tāmaki ki Rotorua noho ai?

_____

6. He aha kōrua ko tō ipo i tauwehe ai?

_____

7. He aha koe i pōti ai ki a Reipa?

_____

8. He aha koe i kore ai e pōti ki te Rōpū Tōrangapū Māori?

_____

9. He aha koe i kore ai i whakaae ki tāna tono kia whai kōrua?

_____

10. He aha ia i kore ai i tae mai ki tōku huritau?

_____

2. Tirohia ngā whakaahua nei. Tuatahi, tuhia he rerenga _Nā te aha i . . . ai?_ mō ia whakaahua. Tuarua, me whakakāhore koe i taua rerenga.

2. _Look at the pictures. The first part of this exercise is to write a **Nā te aha i . . . ai?** phrase for each picture. The second part is to negate that phrase._

Why did you come here?

Nā te aha koe i haere mai ai ki konei?

Nā te aha koe i kore ai e haere mai ki konei?

_____
_____?
_____
_____?

_____
_____?
_____
_____?

_____
_____ ?   _____ ?

_____
_____ ?   _____ ?

3. Ināianei, whakamātauhia ēnei, engari me hāngū ngā rerenga.

3. Now, try these, but your phrases must be in passive form.

Nā te aha te pouaka i hikina ai e te tama?

Nā te aha te pouaka i kore ai e hikina e te tama?

_____
_____ ?

_____
_____ ?

_____
_____ ?   _____ ?

_____
_____ ?   _____ ?

_____
_____ ?   _____ ?

_____
_____ ?   _____ ?

4. Ināianei, whakamātauhia ēnei, engari me tūāhua ngā rerenga.

4. Now, try these, but your phrases must be in stative verb form.

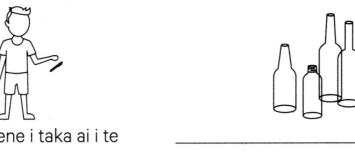

Nā te aha te pene i taka ai i te tama?

Nā te aha te pene i kore ai i taka i te tama?

_____
_____?

_____
_____?

I fell over

_____
_____?
_____
_____?

_____
_____?
_____
_____?

Rātū – Tuesday

You already know how to answer **He aha i . . . ai?** or **Nā te aha i . . . ai?** questions with the phrase **Nā te mea**, or *because*, like this:

He aha rāua i hoko inu ai?
Nā te mea i tino hiainu rāua

Why did they buy drinks?
Because they were extremely thirsty

Nā te aha koe i haere ai ki Ahitereiria?
Nā te mea e rata ana au

Why did you go to Australia?
Because I like it

He aha koe i waea atu ai ki a Mere?
Nā te mea i te mokemoke au

Why did you call Mere?
Because I was lonely

Nā te aha koe i noho wawe ai?

Nā te mea kua kōrero kē au

Why did you sit down so quickly?
Because I have already spoken

And then there was the more advanced way to answer a *'why'* question with **he . . . nō**, like this:

He aha rāua i hoko inu ai?	*Why did they buy drinks?*
He tino hiainu nō rāua	*Because they were extremely thirsty*
Nā te aha koe i haere ai ki Ahitereiria?	*Why did you go to Australia?*
He rata nōku	*Because I like it*
He aha koe i waea atu ai ki a Mere?	*Why did you call Mere?*
He mokemoke nōku	*Because I was lonely*
Nā te aha koe i noho wawe ai?	*Why did you sit down so quickly?*
He kōrero kē nōku	*Because I have already spoken*

🕐 **30-minute challenge**

1. Whakaarohia he whakautu auaha ki ēnei pātai – mō ngā tau rite whakamahia te *he . . . nōku*, mō ngā tau kehe, *nā te mea*.

1. *Think of some creative answers to these questions – for even numbers use **he . . . nōku**, and for odd numbers use, **nā te mea**.*

1. Nā te aha koe i tōmuri ai ki te hui?

   _____

2. Nā te aha koe i haere ai ki te whare o Kim Kardashian?

   _____

3. Nā te aha koe i kihi ai i a ia?

   _____

4. Nā te aha koe i kore ai i āwhina i tō teina?

   _____

5. Nā te aha te whānau i noho wahangū ai?

   _____

6. Nā te aha kōrua i kore ai i mārena?

   _____

7. Nā te aha koe i puta ai ki te tāone inapō?

   _____

8. Nā te aha koe i kōrero anō ai ki a ia, i pōhēhē au kua wehe kōrua?

   _____

9. Nā te aha koe i kore ai i hoko i te puna kaukau rā?

   _____

10. Nā te aha ia i karo ai i tō waea atu ki a ia?

_____

Rāapa – Wednesday

So far we have used the sentence patterns **He . . . nō** and **Nā te mea** to answer *'why'* questions. Let's now look at another way to answer the *'why'* question. This one is especially relevant if the person asking you the question uses the **Nā te aha i . . . ai** form. If you have mastered **He . . . nō** and **Nā te mea**, this new answer phrase shouldn't be too difficult. Take a look at these examples:

Nā te aha koutou i hinga ai?	*Why did you guys lose?*
Nā te ninipa o ētahi o mātou i hinga ai	*The lack of skill of some of us was the reason why we lost*
Nā te aha koutou i tōmuri ai?	*Why were you guys late?*
Nā te pōturi o Māmā	*Because Mum is so slow*
Nā te aha koe i kore ai i tae mai ki te huritau	*Why didn't you turn up to the birthday?*
Nā te pukumahi au i kore ai i tae atu	*Because of how busy I am I didn't show up*

This style of sentence can also be used as a statement, for example:

Nā te ua te whānau i noho ai ki te kāinga	*The family stayed at home because of the rain*
Nā te pūremu i tauwehe ai rāua	*They split up because of an affair*
Nā te aituā i tōmuri ai mātou ki te hui	*We were late to the meeting because of an accident*

 30-minute challenge

1. **Whakapākehātia ēnei rerenga kōrero, whakamahia te rerenga hōu o te rā nei.**

1. *Translate these sentences into English using the new phrase from today.*

   1. Nā te maha o ngā waka i te huarahi i Tāmaki rātou i nuku ai ki Ōmaha

   _____

   2. Nā te pakirara ōu i wehe atu ai ō hoa

   _____

3. Nā te mataku o ngā tamariki i kimi wāhi hōu ai mātou

_____

4. Nā te ngoikore o te kapa i hinga ai mātou

_____

5. Nā te kore wātea i kore ai au i tae atu ki te hura kōhatu

_____

6. Nā te mate manawa ia i mate ai

_____

7. Nā te tarau makere o tana wahine o mua, ka tahuri ia ki te kimi wahine hōu māna

_____

8. Nā te riri o tō rātou māmā i kore ai rātou i puta

_____

9. Nā te ure paratī o tana tāne i tangi ai ia

_____

10. Nā te pai ōna ki ngā waiata a Bruno Mars i hoko ai ia i ngā tīkiti, kotahi rau tāra te utu!

_____

Rāpare – Thursday

All of the *why* sentences we have learned over the past weeks have been used when the action has been completed, in other words, we have been asking and saying *why something happened* – past tense. If we are asking when something *will* happen, we simply change the **i** to an **e**. So instead of **He aha i . . . ai?** we use, **He aha e . . . ai?** Stay away from the **Nā te aha** for future tense, because the **nā** is more associated with past tense phrases. *Anei ētahi tauira:*

He aha koe e waea ai ki a ia?	*Why will you be ringing him / her?*
He aha tātou e mahi ai ā ēnei rangi whakatā?	*Why will we be working this weekend?*
He aha tātou e haere ai ki tātahi?	*Why will we be going to the beach?*
He aha koe e whakarongo ai ki a ia?	*Why will you be listening to him / her?*
He aha koe e aro ai ki āna tohutohu?	*Why will you be following his / her instructions?*

30-minute challenge

1. Whakamāoritia ēnei rerenga kōrero, whakamahia te rerenga hōu o te rā nei.

1. *Translate these sentences into Māori using the new phrase from today.*

  1. Why will you be really late?

  _____

  2. Why will you be singing?

  _____

  3. Why will they (2) be going to the birthday?

  _____

  4. Why will they (5) win?

  _____

  5. Why will the chicken cross the road?

  _____

You can also use the phrase **He aha te take e . . . ai?** to ask future tense *'why'* questions. It is quite common for fluent Māori language speakers to use **He aha te take** for the future tense form of the *'why'* question. Using this sentence structure requires you to move the <u>agent</u>, or 'doer', of the action so that it sits immediately after the **ai** in the sentence:

He aha <u>koe</u> e waea ai ki a ia?	*Why will you be ringing him / her?*
He aha te take e waea **ai** <u>koe</u> ki a ia?	
He aha <u>tātou</u> e mahi ai ā ēnei rangi whakatā?	*Why will we be working this weekend?*
He aha te take e mahi **ai** <u>tātou</u> ā ēnei rangi whakatā?	
He aha te take e haere **ai** tātou ki tātahi?	*Why will we be going to the beach?*
He aha te take e whakarongo ai koe ki a ia?	*Why will you be listening to him / her?*
He aha te take e aro ai koe ki āna tohutohu?	*Why will you be following his / her instructions?*

2. Tuhia anō ō whakamāoritanga o runga nei, engari hurihia ki te *He aha te take . . .?*

*2. Write down the sentences you just translated into Māori, but now change them to **He aha te take** . . .?*

1. _____

2. _____

3. _____

4. _____

5. _____

Rāmere – Friday

 **30-minute challenge**

1. Whakarongo ki te pāhorangi mō tēnei wiki:

1. Listen to this week's podcast at:

www.MaoriMadeEasy2.co.nz

2. Whakaotia te pangakupu.

2. Complete the crossword.

Whakararo | *Down*
1. ipo
2. aihikirīmi
4. Amerika
6. mekemeke
9. pakirara
10. ruku

Whakapae | *Across*
3. kūtai
5. whare toatini
7. kōeko
8. Ahitereiria
11. rata

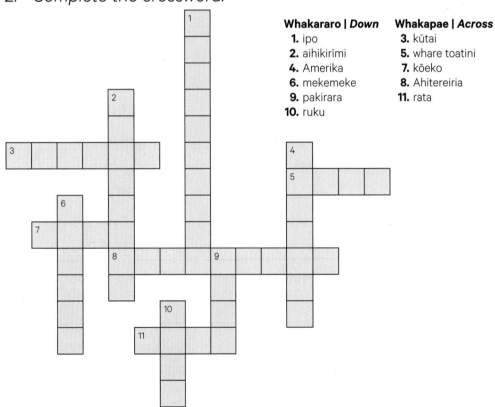

ANSWERS

WEEK THIRTY-ONE

Rāhina – Monday

1. Whakaotia te pangakupu nei.
1. *Complete the following crossword.*

Whakararo | *Down*

1. KINO

2. HŌHĀ

4. MATAKU

7. NGARO

8. WAREWARE

11. TIKA

14. EA

15. WHARA

17. MUTU

Whakapae | *Across*

2. HINGA

3. RIRO

5. MĀKONA

6. PAKARU

9. WHĀNAU

10. ORA

11. TUMEKE

12. OTI

13. MAHUE

15. WERA

16. MAU

18. PARU

19. TŪ

2. E nanu ana ēnei kupu, māu e whakaraupapa.
2. *Unscramble the words in these sentences.*

1. Ka ora au i a koe
2. Kua pau tana pūtea i tana wahine
3. I riro te whenua i te tama mātāmua
4. Ka paru tō tātou whare i a rātou
5. I kino te huritau i a koe

Rātū – Tuesday

1. Whakamahia ngā whakaahua ki te whakautu i ngā pātai. Tuhia te katoa o te rerenga.
1. *Use the pictures to answer the questions. Write the whole sentence.*

1. Kua oti i te koroua te whare te hanga
2. Kua pakaru i ngā tamariki te matapihi o te whare
3. I ngaro i a Mere te pōro
4. I pau i te kurī te kai a te ngeru
5. Kua paru i a rāua / i ngā tamariki te whāriki
6. I mataku i te ngeru te manu
7. I mākona i te kuia te maroketanga o te korokoro
8. I hinga i a rāua / i ngā tāne te rākau
9. I oti i ngā tamariki ngā pukapuka te pānui

2. Whakaurua te mea tika o ēnei: **hinga**, **riro**, **mate**, **māku**, **ora**, **paru**, **mataku**, **mahue**, **mākona**, **kī**.

2. *Complete the sentences by inserting the right stative verb:* **hinga**, **riro**, **mate**, **māku**, **ora**, **paru**, **mataku**, **mahue**, **mākona**, **kī**.

1. Kua <u>riro</u> te pēke i te tama
2. Kua <u>māku</u> te pouaka i te wai
3. I <u>paru</u> te tīhate i te tākaro whutupōro
4. I <u>mahue</u> te pahikara i te wahine
5. Kua <u>kī</u> te kete i ngā pene

Rāapa – Wednesday

1. Pānuitia tēnei kōrero kei waenganui i a Atawhai me Anaru, ka tuhi ai i ngā rerenga kōrero e whakamahi ana i te **tonu**.

1. *Read the dialogue between Atawhai and Anaru, then write down any sentences that use **tonu**.*

1. Kī tonu te puku i te kai
2. Mataku tonu ētahi i tēnā āhuatanga
3. Tumeke tonu mātou i te whakatau
4. Whakamā tonu au i te korenga ōku i tohe atu
5. Whakamā tonu au i taku noho wahangū

2. Ināianei me whakapākehā aua rerenga kōrero e rima.

2. *Now translate those five sentences into English.*

1. The stomach was (absolutely) full of food
2. Some are (very) afraid of that happening
3. We were (absolutely) shocked by the decision
4. I am (very) embarrassed at my inability to challenge (them)
5. I am (very) embarrassed at how I remained silent

Rāpare – Thursday

1. Whāia ngā tauira o runga nei e huri ai i a koe te rerenga kōrero tūāhua ki te rerenga kōrero hāngū.

1. *Using the example above, change these stative sentences into passive sentences.*

Stative sentence

1. I ora au i a koe

Active sentence

I whakaora koe i a au

Passive sentence

I whakaorangia au e koe

Stative sentence

2. Kua wera i a au te wai

Active sentence

Kua whakawera au i te wai

Passive sentence

Kua whakawerahia e au te wai

Stative sentence

3. Kua tika i te kaiako tō tuhinga

Active sentence

Kua whakatika te kaiako i tō tuhinga

Passive sentence

Kua whakatikaina e te kaiako tō tuhinga

Stative sentence

4. I tumeke au i a rātou mō taku huritau

Active sentence

I whakatumeke rātou i a au mō taku huritau

Passive sentence

I whakatumekehia au e rātou mō taku huritau

Stative sentence

5. Kua pau i ngā tamariki ngā tōhi

Active sentence

Kua whakapau ngā tamariki i ngā tōhi

Passive sentence

Kua whakapaua e ngā tamariki ngā tōhi

Rāmere – Friday

2. Whakamāoritia ēnei rerenga kōrero, whakamahia te tūāhua o te kupu **wareware**.

2. *Translate the following sentences using the stative form of **wareware**.*

1. Kua wareware **i** a koe tō pōtae
2. I wareware i a ia ngā tikiti?
3. I wareware i a koe te wā?
4. Kua wareware i a rātou ngā tāwiri / kī
5. Ka wareware i te kurī tana whēua

3. Ināianei whakamāoritia ēnei rerenga kōrero engari me kupumahi te kupu **wareware**.

3. *Now translate the following sentences but this time use the normal verb form of **wareware**.*

1. I wareware koe ki te waea mai
2. I wareware te iwi ki te pōwhiri i te Pirimia
3. Kāore e kore ka wareware ia ki te tiki i ngā inu!
4. I wareware te whānau ki ngā tauera
5. I wareware ia ki ngā tōtiti

WEEK THIRTY-TWO

Rāhina – Monday

1. Whakamāoritia ēnei rerenga kōrero, whakamahia te rerenga tūāhua.

1. *Translate the following sentences into Māori using the stative sentence structure.*

1. Kaua e wareware i a koe tō pōtae
2. Kaua e wareware i a kōrua ngā tikiti
3. Kaua e wareware i a koutou ngā pūhiko
4. Kaua e wareware i a koe ngā tāwiri
5. Kaua e wareware i a rāua te kai

2. Ināianei whakamāoritia ēnei rerenga kōrero, engari me whakamahi i te **ki**.

2. *Now translate the following sentences into Māori, but this time use the **ki**.*

1. Kaua koe e wareware ki te wāea mai
2. Kaua koe e wareware ki te ārai tīkākā
3. Kaua e wareware ki te hoko i ngā inu
4. Kaua e wareware ki te whakatū i te hunuhunu
5. Kaua e wareware ki ngā tōtiti

3. Whakamahia ngā whakaahua nei ki te hanga kōrero **Kei wareware**. Ko te **ki** mō ngā rerenga e toru tuatahi, ko te tūāhua **i** mō ngā rerenga e toru whakamutunga. Whakamahia hoki te **koe** hei tūpou.

3. *Use the pictures to create sentences beginning with **Kei wareware**. Use **ki** for the first three sentences, and the stative form **i** for the last three. Use **koe** as the subject.*

1. Kei wareware koe ki te Kirihimete
2. Kei wareware koe ki te huritau o Rewi
3. Kei wareware koe ki te horoi i te waka
4. Kei wareware i a koe te whāngai i te pēpi
5. Kei wareware i a koe te whakapai i tō moenga
6. Kei wareware i a koe te tāmau / raka i te kūaha

Rātū – Tuesday

1. Porohitatia te TIKA, te HĒ rānei mō ēnei rerenga, ka tuhi ai he aha ai.

1. Circle CORRECT or INCORRECT for these sentences, then explain why.

1. Me kōrerotia ki tō hoa	TIKA / **HĒ**	You can't use a passive after **Me**
2. Me taea e koe tēnā mahi	**TIKA** / HĒ	
3. Ka taea e koe, e hoa	**TIKA** / HĒ	
4. Ka taea koe te rākau te piki	TIKA / **HĒ**	The **e** is missing
5. Kua taea e ia i tōna ingoa te tuhi	TIKA / **HĒ**	The **i** is still in the sentence
6. Ka taea e Rewi te whakatika i tō pahikara	**TIKA** / HĒ	
7. I taea e ngā tāne te kawe whaikōrero te hāpai	**TIKA** / HĒ	
8. Me taea e ngā tāne te kawe whaikōrero te hāpai	**TIKA** / HĒ	
9. Kāore e taea e au ki te āwhina i a koe	TIKA / **HĒ**	The **ki** is still in the sentence
10. Me patua e koutou ngā manu rā, he hōhā!	TIKA / **HĒ**	Passive **patua** after the sentence starter **Me**

Rāapa – Wednesday

1. Whakamāoritia ēnei rerenga kōrero.
1. *Translate these sentences into Māori.*

1. Mere: I ahatia tō pona / popoki?
   Māka: I hārautia e au
2. Mere: I ahatia tō raparapa?
   Māka: I takokitia
3. Mere: Kei te ahatia tō tuhinga roa?
   Māka: Kei te whakawāngia / mākahia / arotakehia e te kaiako
4. Mere: Ka ahatia tō ngeru māuiui?
   Māka: Ka whakamatea
5. Mere: I ahatia tō karu?
   Māka: I marū i a au (marū – *stative verb*)
6. Mere: I ahatia tō rīrapa?
   Māka: I tīhaea e au
7. Mere: Ka ahatia tō kakī?
   Māka: Ka hāparaparatia
8. Mere: Ka ahatia tō whare?
   Māka: Ka hokona
9. Mere: Kua ahatia tō kanohi?
   Māka: Kua whakarākeitia e au
10. Mere: Kua ahatia a Anaru?
    Māka: Kua patua e Hēmi

Rāpare – Thursday

1. Whakaotia ēnei rerenga kōrero, whakaingoatia kia toru ngā mea e hāngai ana i mua i te **aha atu, aha atu**.
1. *Complete these sentences, name three relevant items before using **aha atu, aha atu**.*

*These are only examples, you may have listed something different

   1. I runga i te tēpu kai te mīti, te rīwai, te kūmara, te aha atu, te aha atu
   2. Kei roto i te pātaka mātao te miraka, te tīhi, ngā hēki, te aha atu, te aha atu
   3. Kei roto i taku whata kākahu he koti, he poraka, he tōkena, he aha atu, he aha atu
   4. Kei roto i te uenuku te waiporoporo, te kōwhai, te karaka, te aha atu, te aha atu
   5. Kua hoki mai au i te hokomaha me te parāoa, te poaka tauraki, te puka heketua, te aha atu, te aha atu

2. Whakamāoritia ēnei rerenga kōrero.
2. *Translate the following sentences into Māori.*

   1. Ki te hiahia koe ki te wehe, ki te noho, ki te aha atu, kei a koe te tikanga
   2. Ka taea e ia te oma, te piki, te kauhoe, te aha atu, te aha atu
   3. Kei tērā toa huarākau te kerepe, te āporo, te maika, te ārani, te aha atu, te aha atu
   4. Mēnā he whakaaro, he āwangawanga, he aha atu, me kōrero
   5. Mō te hanga whare, te whakatika waka, te aha atu, kāore he painga i a ia!

Rāmere – Friday

2. Whakaotia tēnei pangakupu.
2. *Complete this crossword puzzle.*

Whakararo | *Down*

2. TEAR
4. OPERATION
5. BBQ
7. GRAZE

Whakapae | *Across*

1. TWIST
3. RORO
5. BRUISED
6. BATTERY
8. RAINBOW
9. IDEA

WEEK THIRTY-THREE

Rāhina – Monday

1. Whakamāoritia ēnei rerenga kōrero auau.
1. *Translate these habitual sentences into Māori.*

   1. Totohe ai rāua (i ngā wā katoa)
   2. Amuamu ai ia (i ngā wā katoa)
   3. Haere ai ia ki te whitiwhiti ia ata o te Rātapu
   4. Ako whakataukī hōu ia, ia pō
   5. Kōrero Māori ai tērā whānau (i ngā wā katoa)
   6. Kata ai rātou ki a ia (i ngā wā katoa)
   7. Haere ai a Māmā ki te hokomaha ia wiki
   8. Waku niho ai au, ia ata, ia pō
   9. Tipu ai he rākau hōu ia tau
   10. Oho ai ia i te ono karaka ia ata ki te whakangungu

2. Tirohia te āhua o ngā tāngata i ngā whakaahua tekau e whai ake nei. Me tuhi i te whakautu tika a tēnā, a tēnā o rātou ki te pātai, 'Kei te pēhea koe?'
2. *Look at the following 10 pictures. Write the correct response that each person would use to answer the question, 'How are you?'*

Kei te hiainu au   Kei te māuiui au   Kei te hiamoe au

Kei te harikoa au   Kei te pouti au   Kei te tino harikoa au   Kei te mataku au

Kei te pukuriri au   Kei te hiakai au   Kei te āmaimai au

Rātū – Tuesday

1. Kimihia te whakamārama tika mō ēnei rerenga kōrero auau. Tuhia he rārangi i te rerenga reo Māori ki tōna hoa reo Pākehā.

1. *Draw a line from the habitual action te reo Māori sentence on the left to the correct English translation on the right.*

1. Hiakai ai au	i.	*I'm always hungry*
2. Hiainu ai taku pēpi ki te waiū i ngā wā katoa	j.	*My baby is always thirsty for breast milk*
3. Ora rawa atu ai tō āhua ia tūtakihanga	h.	*You always look extremely well every time (we) meet*
4. Kai ai ia i tōna rongoā ia wā kai	c.	*He / She takes his / her medication every meal time*
5. Māuiui ai au ia takurua	b.	*I get unwell every winter*
6. Ngenge ai ngā tamariki ia ahiahi pō i ngā rā o te kura	g.	*The kids get tired every (late) afternoon on school days*
7. Pukumahi ai ia, ia wā hauhake	a.	*He / She is very busy every harvest time*
8. Pukuriri ai te kaiako ia haratau	f.	*The coach gets annoyed at every practice session*
9. Hōhā ai rātou ia hingatanga o te kapa Takiwhitu	d.	*They get frustrated and over it every time the Sevens team loses*
10. Kaha tonu ai tērā kuia	e.	*That elderly lady is always strong*

2. Ko te mahi tuarua i tēnei rā he tuhi rerenga auau ki raro iho i ia whakaahua hei tohu i te mahi kei te mahia. Whakatepea to rerenga ki ēnei kupu e rua nei – ***ia rā***.

2. *Your second task today is to write a habitual sentence under each of the following pictures to demonstrate the regular action taking place. Conclude your sentence with – **ia rā**.*

Oma ai te tāne ia rā

Moe ai te ngeru ia rā

Auau te kurī ia rā

Tangi ai te kōtiro ia rā

Tākaro poiwhana ai ngā tama ia rā

Eke pahikara ai te tama ia rā

Tāuwhiuwhi putiputi ai te kuia ia rā

Kauhoe ai te wahine ia rā

Rāapa – Wednesday

1. Whakapākehātia ēnei rerenga kōrero auau. Me whakamahi kupu mahi hāngū.
1. *Translate these habitual sentences into English. Use the passive verb form.*

1. The deceased are always mourned at the beginning of the official welcome
2. The poor are always on the receiving end of disparaging remarks
3. The multitudes watch *Te Karere* every night
4. He / She learns a new word every second day
5. His / Her wife does a new painting every month
6. His / Her child is regularly bullied by the other school children
7. How does one (usually) change a nappy?
8. He / She regularly gets called arrogant – serves him / her right too!
9. My dad gets breakfast ready every morning
10. That elderly gentleman always sits on the bench for orators to uphold the prestige of the tribe

Rāpare – Thursday

1. E nanu ana te takoto o ēnei kupu, māu e whakaraupapa. Kātahi ka whakamāori i te whakautu reo Pākehā.
1. *The words in these sentences are jumbled. Put them in the correct order. Then translate the English language answer into Māori.*

1. Āhea ngā tamariki whakaakona ai ki te mau rākau?
   Ā tērā wiki
2. Āhea au tīkina ai?
   Ākuanei
3. Āhea ngā hapa whakatikahia ai e koe?
   Āpōpō
4. Āhea tātou whitikina ai e te rā?
   Ā tōna wā
5. Āhea tā tātou kai tunua ai e koe?
   Ā te rima meneti
6. Āhea te hui whakatūria ai?
   Ā te Whiringa-a-rangi / Nōema
7. Āhea tōna tūpāpaku nehua ai?
   Ā te Rāpare / Tāite
8. Āhea te whare tākaro hangaia ai e koe?
   Ā te whā karaka
9. Āhea tō rūma whakapaitia ai e koe?
   Ā te wā tika
10. Āhea tō tinana horoia ai e koe?
   Ā tēnei pō / Ā te pō nei

Rāmere – Friday

1. Tirohia ngā pikitia nei, ka whakautu ai i te pātai: 'Mā hea koe haere ai?' Kua hoatu te tuatahi hei koha.

1. *Look at the following pictures, then answer the question: 'How will you get there?' The first answer has been provided for you.*

Mā hea koe haere ai?
Mā runga waka rererangi

Mā hea koe haere ai?
Mā runga tereina

Mā hea koe haere ai?
Mā raro

Mā hea koe haere ai?
Mā runga waka / motukā

Mā hea koe haere ai?
Mā runga pahikara

Mā hea koe haere ai?
Mā runga motopaika

Mā hea koe haere ai?
Mā runga hoiho

Mā hea koe haere ai?
Mā runga pahi

2. Whakamahia ngā kupu Pākehā ki te whakautu i aku pātai ki a koe. Kua hoatu te tuatahi hei koha.

2. *Use the English words to answer my questions to you. The first answer has been provided for you.*

1. Au: Kei te haere koe ki hea? (*Church*)
   Koe: Ki te whare karakia
   Au: Āhea? (*3pm*)
   Koe: Ā te toru karaka i te ahiahi
   Au: Mā hea koe haere ai? (*Walking*)
   Koe: Mā raro

2. Au: Kei te haere koe ki hea? (*Shop*)
   Koe: Ki te toa
   Au: Āhea? (*Soon*)
   Koe: Ākuanei
   Au: Mā hea koe haere ai? (*Car*)
   Koe: Mā runga waka

3. Au: Kei te haere koe ki hea? (*School*)
   Koe: Ki te kura
   Au: Āhea? (*5 minutes*)
   Koe: Ā te rima meneti
   Au: Mā hea koe haere ai? (*Bike*)
   Koe: Mā runga pahikara

4. Au: Kei te haere koe ki hea? (*Movies*)
   Koe: Ki te whare kiriata / ki te mātaki kiriata
   Au: Āhea? (*8pm*)
   Koe: Ā te waru karaka (i te pō)
   Au: Mā hea koe haere ai? (*Friend's car*)
   Koe: Mā runga i te waka o tōku hoa

5. Au: Kei te haere koe ki hea? (*Museum*)
   Koe: Ki te Whare Pupuri Taonga
   Au: Āhea? (*Tomorrow*)
   Koe: Āpōpō
   Au: Mā hea koe haere ai? (*Bus*)
   Koe: Mā runga pahi

WEEK THIRTY-FOUR

Rāhina – Monday

1. Tirohia ngā pikitia nei, ka whakautu ai i te pātai: 'Mā hea koe haere ai (te ara ka whāia)?' Kua hoatu te tuatahi hei koha.

1. *Look at the following pictures, then answer the question: 'How will you get there (by which route)?' The first answer has been provided for you.*

Mā hea koe haere ai?
Mā Rotorua

Mā hea koe haere ai?
Mā Te Awamutu

Mā hea koe haere ai?
Mā te huarahi o Manahi

Mā hea koe haere ai?
Mā te Whare Pukupuku

Mā hea koe haere ai?
Mā te huarahi taha moana / Mā te moana

Mā hea koe haere ai?
Mā Tāmaki, mā Kirikiriroa

Mā hea koe haere ai?
Mā maunga Ruapehu / Mā te maunga o Ruapehu

Mā hea koe haere ai?
Mā te whare karakia

Rātū – Tuesday

1. Me tuhi anō i ēnei kōrero, kia **ka . . . ai** kē.

1. *Rewrite these sentences using **ka . . . ai**.*

 1. Me tatari kia puta ia, ka whawhewhawhe ai tāua
 2. Kāore e pai ana kia hāmama koe, ka haere ai ki waho
 3. I kōrero Māori ia i te tīmatanga, ka huri ai ki te reo Pākehā
 4. Kāore e pai ana kia huri tuarā koutou ki a ia, ka kōhimuhimu ai mōna
 5. Me tuku ki te ngaruiti mō te rua meneti, ka tango ai

2. Ināianei me whakapākehā i ō rerenga reo Māori **ka . . . ai**.

2. *Now translate your **ka . . . ai** sentences into English.*

 1. Wait until he /she goes out (leaves), then you and I will have a gossip
 2. It's not ok for you to yell and scream then disappear outside
 3. He / She spoke Māori at the start but then switched to English
 4. It's not ok for you (3 or more) to turn your back on him / her and then start whispering / gossiping about him / her
 5. Put it in the microwave for two minutes, then take it out

Rāapa – Wednesday

1. Whakapākehātia / Whakamāoritia rānei ēnei rerenga kōrero. Whakamahia te **ai** hei hono i te wāhi ki te mahi.

1. *Translate the following sentences into English or Māori. Use **ai** to connect the location to the action.*

 1. Haere ki te kura ako ai
 2. Go to the library and read
 3. Go to your room and gossip
 4. Kaua e haere ki reira / korā kōhimuhimu ai
 5. Don't go to his / her house and moan!
 6. Haere ki te kāuta / kīhini mahi kai ai
 7. Me haere rāua ki reira whakapāha ai
 8. They are going outside to play
 9. They are walking to Parliament to protest
 10. Kei te haere mātou ki te awa kaukau ai

Rāpare – Thursday

1. E nanu ana ngā kupu o ēnei rerenga, māu e whakaraupapa.
1. *The words in the following sentences are jumbled. Place them in the correct order.*

 1. Kua haere ia ki te whare o Mere kōhimuhimu ai
 2. Kua haere rātou ki tātahi pāinaina ai
 3. Kei te neke te whānau ki Kirikiriroa noho ai
 4. Haere koe ki te marae whakarongo ai ki ngā kōrero
 5. Kei te haere ia ki te mīhana āwhina ai
 6. I haere te whānau ki te moana hī ika ai
 7. Kua hoki a Miriama ki te whare wānanga ako ai
 8. I haere taku māmā ki reira mahi ai mō ētahi tau
 9. Kua kuhu ngā rakiraki ki te hōpua kimi kai ai
10. Ka tae au ki tō whare āpōpō peita ai

Rāmere – Friday

2. Ko te wero i tēnei ra, he tūhura i te nama huna. KAUA E PAKU TITIRO KI TE KŌRERO I WAENGANUI I A MĀKA RĀUA KO MERE I TE TĪMATANGA O TE WIKI! Tuhia te nama tika kia tika ai te raupapatanga o ngā rerenga kōrero i waenganui i a Māka rāua ko Mere
2. *This challenge today is to 'crack the code'. DON'T TAKE A PEEK AT THE DIALOGUE BETWEEN MĀKA AND MERE AT THE START OF THE CHAPTER! Put the sentences in their correct order, then write the number of each sentence. Did you crack the code?*

The 'code' is:
11 – 5 – 1 – 12 – 7 – 4 – 9 – 10 – 6 – 8 – 3 – 2 – 13

WEEK THIRTY-FIVE

Rāhina – Monday

Pānuitia tēnei kōrero kei waenganui i a Atawhai me Anaru, ka tuhi ai i ō whakautu ki ngā pātai.
Read the dialogue between Atawhai and Anaru, then answer the questions.

 1. I ngā pūtu whutupōro o Anaru
 2. I wareware au ki te tango
 3. I mataku te kapa whutupōro o Anaru i te kaitā o te hanga o ngā hoariri
 4. 18–7
 5. E kore pea koutou e toa, engari me ngana kia tata!
 6. Not even the slightest bit embarrassed!
 7. Cute
 8. Tokowhā ngā tamariki a Turahira (ngā tamāhine e toru me te pēpi hōu)
 9. Kei te toro a Anaru i tōna whaea kēkē, i a Turuhira
10. Tuhia ngā rerenga tūāhua a Atawhai:
    a. Kua paru te whāriki o te whare i ō pūtu whutupōro
    b. Kaua e pāpouri i tēnā, e tama
    c. Kei wareware i a koe
11. Tuhia ngā rerenga tūāhua a Atawhai:
    a. I mataku ētahi i te kaitā o te hanga o ngā hoariri
    b. Tumeke tonu mātou i te rironga o te wikitōria i a mātou
    c. Whakamā tonu hoki tō mātou kaiako i tana kī mai
    d. Whakamā tonu au i taku noho wahangū
    e. Kātahi anō ka whānau mai i a ia tāna pēpi hōu.
    f. Kua ea te hiahia o Turahira

Rātū – Tuesday

Pānuitia tēnei kōrero kei waenganui i a Atawhai me Anaru, ka tuhi ai i ō whakautu ki ngā pātai.
Read the dialogue between Atawhai and Anaru, then answer the questions.

1. Kei te pīrangi a Koro ki te mōhio i ahatia e Atawhai tōna waka
2. Kei te hāparaparatia te puku o Koro, ā, kei te raruraru ōna whēkau
3. Kei te hāparaparatia kia taea ai e ngā tākuta te rongoā tika te whakarite
4. Kei te tino āwangawanga au ki a ia
5. BBQ
6. I pakaru te waka o Koro i a Atawhai
7. Kei te hui ōkawa te whānau ki ngā tākuta
8. Nō tērā wiki te hunuhunu a te whānau i tū ai
9. Āe
10. Whakapākehātia ēnei rerenga:
    a. takoki raparapa = *twisted ankle*
    b. hārau popoki = *grazed knee*
    c. karu marū = *black eye*

Rāapa – Wednesday

Pānuitia tēnei kōrero kei waenganui i a Atawhai me Anaru, ka tuhi ai i ō whakautu ki ngā pātai.
Read the dialogue between Atawhai and Anaru, then answer the questions.

1. Always be in tune and balanced, spiritually, physically, emotionally
2. Weaponry practice
3. Me hoko pū kākano, kāngarere, puarere, parāoa, miraka . . . ngā mea katoa mō te parakuihi
4. Ka whakaputuhia ai ki ngā whata, nē?
5. Stack
6. Mā raro
7. Kātahi anō a Anaru ka takoki i tōna raparapa
8. He tata te hokomaha
9. Me purei kāri
10. E rua ngā kīwaha kei roto i te kōrero nei, tuhia, whakapākehātia:
    a. Hei a koe hoki! = *Get you!*
    b. Koia koia, e hoa! = *Right on the button, my friend! / You've hit the nail on the head!*

Rāpare – Thursday

Pānuitia ngā tīwhiri, ka tuhi ai i te kupu.
Read the clues and guess the word.

Pahikara	Whare Karakia	Porotēhi	Ngaruiti
Hāparapara	Pūhiko	Ārai tīkākā	Roro
Hunuhunu	Kirihimete	Hārau	Marū
Whakarākei	Uenuku	Whakapāha	Huarahi

WEEK THIRTY-SIX

Rāhina – Monday

1. Whakahonoa ngā rerenga i te taha mauī ki te taha matau.
1. *Join the sentence on the left to its correct partner on the right.*

Kua tiko te kau	te haunga hoki!
Kua toa anō a Usain Bolt i te 100m	tōna tere hoki
Titiro ki tērā mea. Kua kite mea pērā koe?	Kāo! He aha hoki tērā?
Ka taea e rātou	māku hoki rātou e āwhina kia oti ai

Whoa, titiro ki tērā wahine!	Ko wai hoki tērā?
Kua takaroa anō te pahi	Te pōturi hoki, nē?
Tērā e hāmama mai rā, ko wai hoki tērā?	Aua hoki, he tauhou
Kia kaha koe kia toa ai tātou	He aha hoki! E kore tātou e toa, ahakoa pēhea

2. Ināianei me whakapākehā koe i ō rerenga.

2. *Now translate your sentences into English.*

1. The cow has done a No. 2 – man that stinks!
2. Usain Bolt has won the 100m again, man he's fast as!
3. Look at that thing over there, have you seen anything like that? No! What on earth is it?
4. They can do it, I will make sure to help them, so they complete it
5. Whoa, check out that chick! Who on earth is that?
6. The bus is late again, man it's slow, eh?
7. That dude loud-mouthing over there, who on earth is that? Absolutely no idea, he's new
8. You go hard so we win. Yeah right / Whatever / Not a chance! There's no way we can win, no matter what happens

Rātū – Tuesday

1. Tuhia he rerenga kōrero mō ia pikitia, whakautua tō rerenga ki te kupu **mōna**.

1. *Write a sentence for each picture. The last word in your sentence will be **mōna**, 'for him' or 'for her'.*

He taumaha rawa te pouaka mōna	He teitei rawa te rākau mōna	He tere rawa te hoiho mōna
He taumaha rawa te waka mōna	He uaua rawa te tope rākau mōna	

2. Whakamāoritia ēnei rerenga kōrero.

2. *Translate these sentences into Māori.*

1. He pōturi rawa koe i ngā ata
2. He hōhonu rawa tērā wāhanga o te moana
3. He nui rawa koe ki te kuhu ki konā
4. He pīrahi rawa tēnei
5. He atamai rawa koe / nōu
6. He tere rawa au mōu
7. I kohetengia mātou, he takaroa rawa nōu / I kohetengia mātou nā te mea i takaroa rawa koe
8. Kaua e kai i tēnā, he pakapaka rawa

Rāapa – Wednesday

1. E nanu ana ngā kupu o ēnei rerenga, whakatikahia (ko ētahi he **hoki**, ko ētahi he **rawa**).

1. *The words in these sentences are jumbled. Put them in the correct order (some are **hoki** sentences, some are **rawa**).*

1. He nui rawa ō karu
2. Nā wai hoki tērā kurī
3. Ko wai hoki koe ki te kōrero pērā ki a au
4. Turituri! He hoihoi rawa nō koutou
5. He reka rawa ēnei rare
6. E kore e pau i a au tēnei kai, he nui rawa
7. Te pirau hoki o ō niho

8. E kore hoki au e haere, he mataku rawa nōku

Rāpare – Thursday

1. Ko te wero i tēnei ra, he tūhura i te nama huna. KAUA E PAKU TITIRO KI TE KŌRERO I WAENGANUI I A MĀKA RĀUA KO MERE I TE TĪMATANGA O TE WIKI! Tuhia te nama tika kia tika ai te raupapatanga o ngā rerenga kōrero i waenganui i a Māka rāua ko Mere

1. *This challenge today is to 'crack the code'. DON'T TAKE A PEEK AT THE DIALOGUE BETWEEN MĀKA AND MERE AT THE START OF THE CHAPTER! Put the sentences in their correct order, then write the numbers of each sentence. Did you crack the code?*

The 'code' is:
7 – 6 – 8 – 1 – 9 – 4 – 2 – 10 – 3 – 5

2. Whakaotia tēnei pangakupu.
2. *Complete the crossword.*

Whakararo | *Down*

1. PAKAPAKA

3. HARI

4. WĀHI

6. HUAKI

7. ATAMAI

Whakapae | *Across*

2. WHĒKAU

5. PĪRAHI

6. HĀMAMA

8. URU

9. OKO

Rāmere – Friday

2. Me whakapākehā tā Māka rāua ko Mere kōrero.
2. *Now translate Māka and Mere's conversation into English.*

Mere: Hey Māka, what on earth is that?

Māka: Kina guts, my friend.

Mere: Man that stinks! Do you really have to gut them there? Are you really going to eat those guts?

Māka: Absolutely, they are delicious!

Mere: Yeah right! Those absolutely stink, mate, take them away from here, or I'm going to vomit.

Māka: Grab (me) a bowl and I will take them somewhere else.

Mere fetches a bowl and gives it to Māka.

Mere: Take them to Rewi's house, no doubt he will want to eat some of those.

Māka: Hey mate, this bowl is too small, all these guts won't fit in (go in) there.

Mere: Too small? No way! They will all fit in, I will give you a hand (help you) to make sure they fit!

WEEK THIRTY-SEVEN

Rāhina – Monday

1. Tirohia ngā whakaahua nei. Tuatahi, tuhia he rerenga **'he aha i . . . ai?'** mō ia whakaahua. Tuarua, me whakakāhore koe i taua rerenga.

1. *Look at the pictures. The first part of this exercise is to write a **'he aha i . . . ai?'** phrase for each picture. The second part is to negate that phrase.*

He aha te wahine i kangakanga ai?
He aha te wahine i kore ai e kangakanga?

He aha te wahine i ruku ai (ki te puna kaukau)?
He aha te wahine i kore ai e ruku (ki te puna kaukau)?

He aha te tāne i tope ai i te rākau?
He aha te tāne i kore ai e tope i te rākau?

He aha rāua i haere ai ki te whare karakia?
He aha rāua i kore ai e haere ki te whare karakia?

He aha te kōtiro i tangi ai?
He aha te kōtiro i kore ai i tangi?

He aha rāua i mekemeke ai?
He aha rāua i kore ai i mekemeke?

2. Ināianei, whakamātauhia ēnei, engari me hāngū ngā rerenga.
2. *Now, try these, but your phrases must be in passive form.*

He aha te ahi i tahuna ai e te tama?
He aha te ahi i kore ai e tahuna e te tama?

He aha te pukapuka i pānuitia ai e te tama?
He aha te pukapuka i kore ai i pānuitia e te tama?

He aha te putiputi i tāuwhiuwhihia ai e te kuia?
He aha te putiputi i kore ai e tāuwhiuwhihia e te kuia?

He aha te wahine i kataina ai e rāua?
He aha te wahine i kore ai i kataina e rāua?

He aha te manu i kainga ai e te ngeru?
He aha te manu i kore ai e kainga e te ngaru?

He aha te kūtai i huakina ai?
He aha te kūtai i kore ai i huakina?

3. Ināianei, whakamātauhia ēnei, engari me tūāhua ngā rerenga.

3. Now, try these, but your phrases must be in stative verb form.

He aha te koata/karaehe i pakaru ai i te tama?
He aha te koata/karaehe i kore ai i pakaru i te tama?

He aha te kai i pau ai i ngā tamariki?
He aha te kai i kore ai i pau i ngā tamariki?

He aha ia i mahue ai i te pahi?
He aha ia i kore ai i mahue i te pahi?

He aha te rākau i hinga ai?
He aha te rākau i kore ai e hinga?

He aha te pōro i taka ai i te tama?
He aha te pōro i kore ai i taka i te tama?

He aha ō pukapuka i wareware ai i a koe?
He aha ō pukapuka i kore ai i wareware i a koe?

Rātū – Tuesday

1. Kōwhirihia te kupu tika mō ēnei pikitia, **hinga**, **taka** rānei.
1. *Choose the correct word for each picture, **hinga** or **taka**.*

1. hinga
2. taka
3. hinga
4. taka
5. taka
6. taka
7. hinga
8. taka
9. taka

Rāapa – Wednesday

1. Whakamāoritia, whakapākehātia rānei ēnei rerenga kōrero.
1. *Translate these sentences into Māori or English.*

1. Because I was over / had enough of him / her
2. He pakirara rawa nōu
3. He mataku nō māua
4. I can't believe they won because he / she is weak
5. I wasn't available / free because I was watching *Te Karere*
6. It is because of his / her heart condition that he / she will not be at the meeting
7. It won't be long before you forget about Mere because she is just a 'pant dropper' (tarau makere – promiscuous woman)
8. Me haere koutou, he riri nō tō koutou māmā

9. You should leave him, he sleeps around (ure paratī – promiscuous man)

10. Come with me, because you are a great singer

Rāpare – Thursday

1. Tuhia ngā rerenga **he . . . nō** nō te kōrero i waenganui i a Mere rāua ko Māka.

1. *Write down the **he . . . nō** sentences from the dialogue between Mere and Māka.*

 1. He wera rawa nō te ruma nei

 2. He kore nōku i pīrangi

 3. He hōhā nōku ki aku kaiako

 4. He māngere hoki pea noku!

 5. He pai nōku ki te whakangungu tinana

 6. He hiahia nōku ki te whakarongo ki a Wharehuia

 7. He ngenge rawa nōku

2. Panonitia ēnei rerenga kōrero i te **nā te mea** ki te **he . . . nō**. Mēnā he rerenga whakakāhore, me whai **kore** tōmua rawa i te **nō**, kātahi ka **i** tōmua i te kupuāhua, kupumahi rānei.

2. *Change these sentences from **nā te mea** to **he . . . nō**. If it is a negative sentence, you will need to put a **kore** right before the **nō**, then an **i** before the adjective or verb.*

 1. He takaroa rawa nōu

 2. He kore nō rātou i pōwhiri i a māua

 3. Kāore au i haere, he kore nōku i wātea

 4. He taringa kōhatu nōku ki ngā tohutohu a māmā

 5. He patu nōna i te kurī

 6. He ohorere nō māua

 7. He hāpai nōku i tāna kaupapa

 8. He kore nō ērā tikanga i hāngai i taua wā

Rāmere – Friday

2. Whakapākehātia.

2. *Translate into English.*

Māka: Hey, my (close) friend, open the windows, (because) it's too hot in this room.

Mere: Right you are! Hey, why didn't you go to uni yesterday?

Māka: Because I didn't want to. I've had enough of my lecturers.

Mere: What's wrong with your lecturers?

Māka: Some of them are just downright boring!

Mere: Is that really the truth?

Māka: Umm, oh well, maybe I'm a bit lazy too!

Mere: Why? You're not a lazy person, you go to training every day.

Māka: I like training the body, but training the mind is another thing altogether!

Mere: Well, I'm going to uni today because I want to listen to Wharehuia.

Māka: I'm not going because I'm too tired.

Mere: Tired from what?

Māka: From training the body this morning!

WEEK THIRTY-EIGHT

Rāhina – Monday

1. Pānuitia anō ēnei rerenga kōrero, ka panoni ai i ngā rerenga **He aha i . . . ai?** ki **Nā te aha i . . . ai?**

1. *Have another look at these sentences and change them from **He aha i . . . ai?** to **Nā te aha i . . . ai?***

 1. Nā te aha koe i tae tōmuri ai ki te kura?

 2. Nā te aha koe i haere ai ki Amerika?

 3. Nā te aha koe i tautoko ai i a ia?

 4. Nā te aha koe i riri ai ki tō teina?

 5. Nā te aha te whānau i haere ai i Tāmaki ki Rotorua noho ai?

6. Nā te aha kōrua ko tō ipo i tauwehe ai?

7. Nā te aha koe i pōti ai ki a Reipa?

8. Nā te aha koe i kore ai e pōti ki te Rōpū Tōrangapū Māori?

9. Nā te aha koe i kore ai i whakaae ki tāna tono kia whai kōrua?

10. Nā te aha ia i kore ai i tae mai ki tōku huritau?

2. Tirohia ngā whakaahua nei. Tuatahi, tuhia he rerenga **Nā te aha i . . . ai?** mō ia whakaahua. Tuarua, me whakakāhore koe i taua rerenga.

2. *Look at the pictures. The first part of this exercise is to write a **Nā te aha i . . . ai?** phrase for each picture. The second part is to negate that phrase.*

Nā te aha koe i haere mai ai ki konei?
Nā te aha koe i kore ai e haere mai ki konei?

Nā te aha te wahine i kaukau ai?
Nā te aha te wahine i kore ai e kaukau?

Nā te aha te tāne i pānui ai i te pukapuka?
Nā te aha te tāne i kore ai e pānui i te pukapuka?

Nā te aha te tama i tunu ai i te kai / i tunu kai ai?
Nā te aha te tama i kore ai i tunu i te kai / i tunu kai?

Nā te aha te kōtiro i piki ai ki te tuanui o te whare?
Nā te aha te kōtiro i kore ai e piki ki te tuanui o te whare?

Nā te aha ngā tāne / rāua i tohe ai?
Nā te aha ngā tāne / rāua i kore ai i tohe?

3. Ināianei, whakamātauhia ēnei, engari me hāngū ngā rerenga.

3. *Now, try these, but your phrases must be in passive form.*

Nā te aha te pouaka i hikina ai e te tama?
Nā te aha te pouaka i kore ai e hikina e te tama?

Nā te aha te waka i hoea ai e te tama?
Nā te aha te waka i kore ai i hoea e te tama?

Nā te aha te kūaha i pātōtōhia ai e te kuia?
Nā te aha te kūaha i kore ai e pātōtōhia e te kuia?

Nā te aha te whare i peitahia ai e ngā wāhine / e rāua?
Nā te aha te whare i kore ai e peitahia e ngā wāhine / e rāua?

Nā te aha te waiata i waiatahia ai e te kōtiro?
Nā te aha te waiata i kore ai e waiatahia e te kōtiro?

Nā te aha te ngeru i awhitia ai e te kōtiro?
Nā te aha te ngeru i kore ai i awhitia e te kōtiro?

4. Ināianei, whakamātauhia ēnei, engari me tūāhua ngā rerenga.
4. *Now, try these, but your phrases must be in stative verb form.*

Nā te aha te pene i taka ai i te tama?
Nā te aha te pene i kore ai i taka i te tama?

Nā te aha ngā inu i pau ai?
Nā te aha i kore ai ngā inu i pau?

Nā te aha i mate ai te manu?
Nā te aha i kore ai te manu i mate?

Nā te aha te kōtiro i hinga ai?
Nā te aha te kōtiro i kore ai e hinga?

Rāapa – Wednesday

1. Whakapākehātia ēnei rerenga kōrero, whakamahia te rerenga hōu o te rā nei.
1. *Translate these sentences into English using the new phrase from today.*

1. They moved to Ōmaha because of the traffic in Auckland
2. Your friends left because of your rude behaviour
3. We looked for a new venue / place because the kids were scared
4. We lost because of the weaknesses in the team
5. I didn't make the unveiling because I wasn't available / free
6. He died because of heart failure / complications
7. He went on the look for a new girlfriend because his previous one was promiscuous
8. They didn't come out because their mum was angry
9. She cried because her boyfriend was sleeping around
10. She bought tickets worth $100 because she likes Bruno Mars' songs so much

Rāpare – Thursday

1. Whakamāoritia ēnei rerenga kōrero, whakamahia te rerenga hōu o te rā nei.
1. *Translate these sentences into Māori using the new phrase from today.*

 1. He aha koe e takaroa rawa ai?
 2. He aha koe e waiata ai?
 3. He aha rāua e haere ai ki te huritau?
 4. He aha rātou e toa ai?
 5. He aha te heihei e whakawhiti ai i te huarahi?

2. Tuhia anō ō whakamāoritanga o runga nei, engari hurihia ki te **He aha te take** …?
2. *Write down the sentences you just translated into Māori, but now change them to **He aha te take** …?*

 1. He aha te take e takaroa rawa ai koe?
 2. He aha te take e waiata ai koe?
 3. He aha te take e haere ai rāua ki te huritau?
 4. He aha te take e toa ai rātou?
 5. He aha te take e whakawhiti ai te heihei i te huarahi?

Rāmere – Friday

2. Whakaotia te pangakupu.
2. *Complete the crossword.*

Whakararo | *Down*
 1. SWEETHEART
 2. ICECREAM
 4. AMERICA
 6. BOXING
 9. RUDE
 10. DIVE

Whakapae | *Across*
 3. MUSSEL
 5. MALL
 7. CONE
 8. AUSTRALIA
 11. LIKE

He mihi / Acknowledgements

Ki taku tōrere pūmau ki a Stacey,

Ki aku tamariki kāmehameha ki a Hawaiki, Kurawaka me Maiana Sam,

Ki taku kōkara whakaruruhau ki a Beverley,

Ki a Jeremy Sherlock me Stuart Lipshaw o te umanga o Penguin Random House,

Ki aku hoa whare wānanga, nā koutou nei i whakatō mai te kākano o te reo ki tōku whatumanawa, arā, ki a Finney Davis, Aramahou Ririnui mā, tēnā koutou,

Tae atu rā ki aku pouako kaingākau nā koutou nei tōku reo i whakapakari, i whakamakaurangi kia puāwai ki te ao, arā, ki ngā whitiki o te kī, ki ngā rūānuku o te kōrero, ki a Ahorangi Wharehuia Milroy, Ahorangi Tīmoti Kāretu, me Ahorangi Pou Temara,

Tē taea e te kupu noa ngā mihi o te ngākau te whakapuaki ake, nō reira, kia pēnei noa, tēnā rā koutou katoa!

To my darling wife Stacey,

To my precious children Hawaiki, Kurawaka and Maiana Sam,

To my ever supportive mother Beverley,

To Jeremy Sherlock and Stuart Lipshaw and Penguin Random House,

To my university colleagues Finney Davis, Aramahou Ririnui and many others who encouraged me to learn the language and embedded its essence within me,

To my admired lecturers, who continue to shape and enhance my language skills in readiness for the public arena, doyens of oratory, virtuosos of rhetoric: Professor Wharehuia Milroy, Professor Tīmoti Kāretu and Professor Pou Temara,

Words cannot fully express my gratitude!

More te reo Māori titles from Penguin Random House

MĀORI AT HOME
Scotty and Stacey Morrison

Māori at Home is the perfect introduction to the Māori language, covering the basics of life in and around a typical Kiwi household.

Whether you're practising sport, getting ready for school, celebrating a birthday, preparing a shopping list or relaxing at the beach, *Māori at Home* gives you the words and phrases – and confidence – you need.

MĀORI AT WORK
Scotty Morrison

Māori at Work offers phrases and tips for greetings and welcoming people, emails and letters, speeches and social media, with specific chapters on the office, construction and roadworks, retail, hospitality, broadcasting and teaching.

This is the perfect book to start or expand your te reo journey – no matter your skill level!

MĀORI MADE EASY
Scotty Morrison

Māori Made Easy allows the reader to take control of their learning in an empowering way. By committing just 30 minutes a day for 30 weeks, learners will adopt the language easily and as best suits their busy lives. Fun, user-friendly and relevant to modern readers, this book proves that learning the language can be fun, effective – and easy!

'This is not just a useful book, it's an essential one.'
—Paul Little, *North & South*

MĀORI MADE EASY 2

Scotty Morrison

The bestselling *Māori Made Easy* gave learners an accessible and achievable entry into te reo Māori. Scotty Morrison now offers a second instalment to help readers continue their learning journey, unpacking more of the specifics of the language while still offering an easy, assured approach. Enhance your reo Māori learning with the most reliable – and easiest! – resource available.

A MĀORI PHRASE A DAY

Hēmi Kelly

A Māori Phrase a Day offers a simple, fun and practical entry into the Māori language. Through its 365 Māori phrases, you will learn the following:

- Everyday uses
- English translations
- Factoids and memory devices
- Handy word lists

Presenting the most common, relevant and useful phrases today, *A Māori Phrase a Day* is the perfect way to continue your te reo journey!

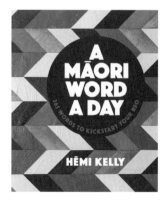

A MĀORI WORD A DAY

Hēmi Kelly

A Māori Word a Day offers an easy entry into the Māori language. Through its 365 Māori words, you will learn:

- Definitions and word types
- Fun facts and background information
- Sample sentences, in both te reo Māori and English

Exploring the most common and contemporary words in use today, *A Māori Word a Day* is the perfect way to kickstart your reo journey!

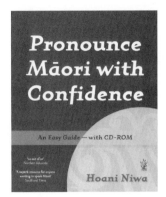

PRONOUNCE MĀORI WITH CONFIDENCE
Hoani Niwa

This book and CD set gives the basics of how to pronounce Māori correctly, while teaching a little of the language used in everyday life, and explaining: the Māori alphabet, pronunciation of each letter, syllables, stress, commonly mispronounced words and pronunciation for frequently used words, including the names of people, places and tribes.

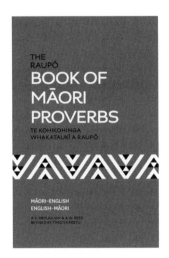

THE RAUPŌ BOOK OF MĀORI PROVERBS
A.W. Reed

Proverbs (or whakataukī) express the wisdom, wit and commonsense of the Māori people. Several hundred proverbs are contained in *The Raupō Book of Māori Proverbs*, categorised under a large number of diverse headings, with translations and explanations in English. This comprehensive and dependable book serves as both a useful reference and an insight into values of the Māori.

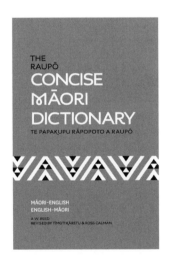

THE RAUPŌ CONCISE MĀORI DICTIONARY
A.W. Reed

The Raupō Concise Māori Dictionary is an invaluable reference work, providing an essential list of words and their equivalents in Māori and English. First published in 1948, the dictionary has been revised and updated numerous times since, giving testimony to its ongoing reliability as a reference guide to everyday Māori words.

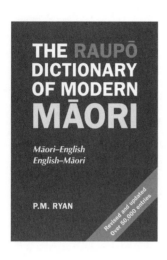

THE RAUPŌ DICTIONARY OF MODERN MĀORI
P.M. Ryan

- Contains over 50,000 concise entries divided into Māori–English and English–Māori sections.
- Includes words most commonly used by fluent Māori speakers.
- Features a vocabulary list with words for new inventions, metric terms, modern concepts and scientific, computer, technological and legal terms.
- Incorporates an easy-to-use guide to the pronunciation of Māori and a section on Māori grammar.

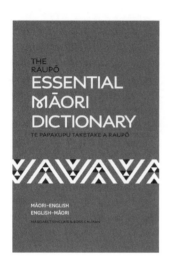

THE RAUPŌ ESSENTIAL MĀORI DICTIONARY
Margaret Sinclair, Ross Calman

- Clear, easy-to-follow Māori–English and English–Māori sections.
- All the words a learner is likely to encounter, including contemporary usage and modern terms.
- A section of themed word lists, including days of the week, months of the year, numbers, cities of New Zealand, colours, emotions, actions, parts of the body, in the classroom, and on the marae.

THE RAUPŌ PHRASEBOOK OF MODERN MĀORI
Scotty Morrison

Whether you're a novice or emergent speaker of te reo Māori, or a complete beginner, *The Raupō Phrasebook of Modern Māori* will equip you with useful phrases for the home, the marae, the workplace, meeting and greeting, eating and drinking and so much more!

> 'Clever but written in a user-friendly style … an important little book for all New Zealanders interested in te reo.'—Katherine Findlay, *Mana*

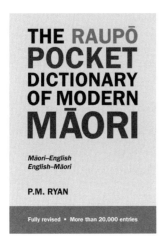

THE RAUPŌ POCKET DICTIONARY OF MODERN MĀORI
P.M. Ryan

- More than 20,000 entries divided into Māori–English and English–Māori sections.
- The most frequently used words in both languages.
- A guide to Māori grammar and pronunciation.
- Separate lists of key vocabulary and proverbs.

Children's

HAIRY MACLARY NŌ TE TĒRI A TĀNARAHANA
Lynley Dodd

Lynley Dodd's iconic *Hairy Maclary from Donaldson's Dairy* is translated into te reo by Waihoroi Shortland.

'Ki waho i te keti te hīkoitanga a Hairy Maclary nō te Tēri a Tānarahana . . .' Ka haere tahi nga hoa o Hairy Maclary ki a ia mea noa ake, ka oho mai he auē, he ngawī, he ngawē, makere kau ana tā rātou omanga kē. Nā te aha rā a matihao mā i marara ai?

KEI HEA A SPOT?
Eric Hill

Kei hea a Spot? is a Māori-language edition of Eric Hill's internationally bestselling lift-the-flap story, *Where's Spot?*

'Ka kino a Spot! Ko te wā kai. Kei hea rānei ia?' Join in the search for the mischievous puppy by lifting the flaps on every page to see where he is hiding. The simple text and colourful pictures will engage a whole new generation of pre-readers. Suitable for children aged 1–4 years, and perfect for bedtime.

KEI TE PEHEA KOE?

Tracy Duncan

A delightful, easy introduction to saying how you feel using te reo. Young and old alike will be able to describe whether they are feeling hōhā (bored), makariri (cold), matekai (hungry) or simply tinōpai rawe! (fantastic!). A pronunciation guide in the back of the book gives new learners to te reo a simple guide to the language.

Winner of Storylines Notable Book Award, 2009

MY FIRST WORDS IN MĀORI

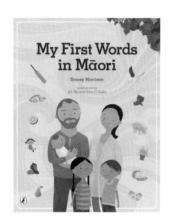

Stacey Morrison
Illustrated by Ali Teo and John O'Reilly

If you'd like to speak the beautiful Māori language with your kids, this is the book to get you started!

My First Words in Māori equips your whānau with the first words you need to speak te reo at home together. Written by Māori-language champion and broadcaster Stacey Morrison, with pictures labelled in Māori and English, each page explores and reflects the faces and places of Aotearoa.

My First Words in Māori is a must-have for homes and classrooms.

TE RĀTAKA A TAMA HŪNGOINGOI: DIARY OF A WIMPY KID

Jeff Kinney

He kino ra te noho a te tamariki. Ko Greg Heffley tetahi e mohio pai ana ki tenei. Being a kid can really stink. And no one knows this better than Greg Heffley.

In this brilliant translation of Jeff Kinney's bestselling *Diary of a Wimpy Kid*, by Hēni Jacob, twelve-year-old hero Greg Heffley is the Tama Hungoingoi (Wimpy Kid) of the title.

A great book in any language, *Te Rātaka a Tama Hūngoingoi* is packed with laughter, gags, disasters, daydreams and plenty to keep young readers hooked until the very end.